건국전쟁 2

건국전쟁 2_프리덤 파이터

펴 낸 곳 투나미스
발 행 인 유지훈
지 은 이 김덕영©
프로듀서 임수영
기   획 이연승 최지은
마 케 팅 전희정 배윤주 고은경
초판발행 2025년 09월 30일
초판 2쇄 2025년 10월 23일
주   소 수원시 권선구 금곡로196번길 62 에스제이타워 3층 305호
대표전화 010-4161-8077 | 팩스 031-624-9588
이 메 일 ouilove2@hanmail.net
홈페이지 www.tunamis.co.kr
ISBN: 979-11-94005-37-7(03340) 종이책
ISBN: 979-11-94005-38-4(05340) 전자책

"그의 죽음과 함께 대한민국의 역사는 멈추었다"

100만
관객
돌파

2024년
다큐멘터리
1위

역대 다큐
흥행 4위

오리지널 시나리오 | 각본·감독 김덕영

건국
전쟁 2

FREEDOM FIGHTER

투나
미스

이승만 대한민국 초대 대통령. 미국 유학파로, 건국 과정에서 공산주의 세력과 치열하게 맞서며 자유민주주의 노선을 이끌어간 지도자. 시나리오에서는 "예외적 개인"이자 "대한민국의 천운"으로 평가.

김일성 북한 건국의 수령. 소련군의 지원을 받아 권력을 장악하고 토지 개혁·우상화 정책을 추진. 이후 남침을 통해 한반도 전체를 공산화하려 한 장본인.

박헌영 남조선 공산주의 운동 지도자. 1920년대부터 활동하며 해방 직후 '8월 테제' 발표, 남한의 인민공화국 수립을 추진. 훗날 북한 정권에 참여했으나 숙청됨.

김 구 임시정부 주석이자 민족주의 지도자. 1948년 평양 남북연석회의에 참석하여 단독선거 반대를 외쳤으나, 북한의 선전에 이용당한 인물.

여운형 독립운동가이자 좌우합작을 추구했던 정치가. 공산주의에 일정 부분 동조했던 인물로 언급.

김원봉 의열단장 출신으로 북한 건국에 기여한 인물. 공산주의 운동에 가담.

스탈린 소련 지도자. 얄타회담에서 한반도 분할에 동의하고 북한 공산화 정책을 직접 지휘.

루스벨트·처칠 얄타회담의 미국, 영국 정상. 전후 세계 질서 재편 과정에서 한반
도의 운명을 결정하는 데 간접적 역할을 함.

트루먼 미국 대통령. 트루먼 독트린으로 냉전의 본격화를 선언. 특사 에드윈 폴리
를 파견.

마 샬 미국 국무장관, 대표적 반공주의자. 이승만이 미국 외교를 통해 접촉하며
협력했던 인물.

에드윈 폴리 1946년 트루먼 대통령 특사로 방한. 북한의 소련식 개혁을 직접 목격
하고 보고서를 남김.

김달삼 남로당 제주4·3 무장 봉기의 사령관. 나중에 월북하여 북한 최고인민회의
대의원으로 활동, 북한에서 애국열사로 기려짐.

O 영화 속 등장 인물

박진경 1948년 5월 6일, 5·10 선거를 지키기 위해 제주에 파견된 조선경비대 제주 11연대장. 43일 만에 남로당 프락치 부하들에게 암살당함. 후일 "학살자"라는 왜곡 논란에 휘말렸으나 강경 진압 작전의 핵심 인물이라는 증거는 현재까지 발견되지 않았음.

문상길·손순호 박진경 대령을 암살한 남로당 프락치 군인들. 북한에서는 영웅시.

정봉운 박진경 대령의 아내. 행방불명되어 전국을 떠돌다 말년에 청량리 정신병원에서 발견되어 가족에게 인도됨. 남편의 죽음과 충격으로 아이를 사산, 평생 정신적인 고통 속에 살다 요절.

김태협 제주4·3 당시 가족 13명이 학살당한 생존자. 훗날 제주도 교육감. 직접 겪은 참상을 증언.

강진석 제주시 한원리 주민. 인민유격대 습격을 막기 위해 성담을 쌓았던 경험을 증언.

표무원 8연대 1대대장, 월북 사건의 공동 주도자. 성시백 라인과 연결되어 북한과 사전 조율, 월북 실행에 깊이 관여.

강태무 8연대 2대대장.

이광후 제주4·3정립연구유족회 소속. 당시 민가 습격과 학살 상황을 증언.

○ 영화 속 등장 인물

브라이언 마이어스 동서대 국제학과 교수. 한국인의 국가관과 북한 정권의 실상, 민족주의의 함정을 지적.

김동식 전 북한 남파공작원, 현재 북한전략센터 이사장. 공산주의의 기만성과 북한 체제의 실상을 증언.

김대호 사회디자인연구소 소장. 해방 당시 한국 사회의 조건과 공산주의 확산 배경을 분석.

최 범 문화평론가. 한국 공산주의 사상의 퇴행성과 전근대성을 분석.

양준석 국민대 정치학과 교수. 박헌영의 '8월 테제'와 동유럽 공산화 전략을 해설.

마이클 브린 저널리스트. 해방 직후 한국 사회의 열망과 건국 과정을 국제적 시각에서 해설.

황성준 전 조선일보 모스크바 특파원. 북한 정권 수립과 국제 공산주의 전략의 맥락을 분석.

장승홍 전 조선일보 기자. 김대중 대통령의 4·3 관련 발언과 보고서 왜곡 문제를 지적.

나종삼 제주4·3 진상조사위원회 전문위원. 박진경 대령 사건 관련 사실관계 증언.

박철균·박홍균 박진경 대령의 유족. 왜곡된 역사와 명예훼손에 맞서 진실을 증언.

최종대 제주4·3 진상조사위원회 국방부 조사위원. 보고서 작성 과정의 편향성을 비판.

이승학 제주4·3사건재정립시민연대. 희생자 위패에 가해자가 포함된 문제를 제기.

신광순 전 서울대 수의학과 교수. 5·10 제헌의회 선거 당시 상황 증언.

김계춘 한국전쟁 당시 함흥에서 수녀 학살 사건을 목격. 공산주의 만행을 증언.

이동해 제주4·3정립 연구유족회. 박진경 암살 당일, 목사였던 할아버지가 순교한
일을 증언.

류승남 제주4·3진실규명을 위한 도민연대. 기독교인 학살과 공산주의 만행을 비판.

김진태 북한 토지 개혁 피해자 후손. 할아버지가 몰수 자료와 함께 추방당한 사례
를 소개.

김무겸 지주 집안 출신 증언자. 가족이 재산을 빼앗기고 고통을 겪은 일을 증언.

채명신 베트남전 파월사령관. 박진경 대령의 작전 방침이 민간인 보호였음을 회고.

양문석 6·25한국전쟁 참전군인. 인민군에 의한 양민 학살 등 증언.

용어설명

나레이션 narr.
영화나 연극, TV 드라마, 다큐멘터리 등에서 화면 또는 장면에 넣는 해설 등을 이르는 말이다. 라틴어로 '말하다'라는 뜻을 지닌 '나로'에서 파생한 영어 단어인 내러티브와도 관계가 깊다. 아울러 내레이션을 하는 사람을 가리켜 내레이터라 한다. 「건국전쟁 2」는 김덕영 감독이 직접 내레이터를 맡았다.

인서트 int.
화면의 특정 동작이나 상황을 강조하기 위해 삽입한 화면, 또는 삽입하는 것. 인서트 화면이 없어도 장면을 이해하는 데에는 별다른 지장이 없으나 인서트를 삽입함으로써 상황이 명확해지는 한편 스토리가 강조된다. 예를 들어 주인공이 필사적으로 달려가는 장면을 구성할 때 장면 중간에 주인공의 땀 흘리는 얼굴 클로즈업을 인서트로 삽입하면 전체 장면을 훨씬 더 생생하게 표현할 수 있다. 인서트 화면으로는 대개 클로즈업을 사용한다.

김덕영 감독

30년 경력의 다큐멘터리 영화감독이자 리버티국제영화제 집행위원장. 2020년 제작한 다큐멘터리 영화「김일성의 아이들」은 전 세계 17개국에서 개최된 주요 영화제에서 공식 경쟁작으로 선정되었고 이탈리아 로마국제무비어워드 및 동유럽 국제영화 등에서 다큐멘터리 최우수 작품상을 수상했다.

2024년 제작 발표한「건국전쟁」은 117만 명의 관객을 동원하면서 흥행에 성공, 그해 최고의 화제작이 됐다. 이 작품은 그가 3년 동안 대한민국 건국의 역사에 관한 진실을 찾아다니며 자료를 발굴해내 국내 최초로 공개한 기록 필름이다. 우리가 몰랐던 이승만 시대를 둘러싼 진실이 마침내 상영관을 통해 전국으로 확산된 것이다.

아울러 김덕영 감독의 작품은 국제영화제 수상과 아울러, BBC와 뉴욕타임스도 주목해왔다. 현재 차기작으로 민주화운동 세대의 실체를 다룬「건국전쟁 3」를 기획 중에 있다.

차 례 Contents

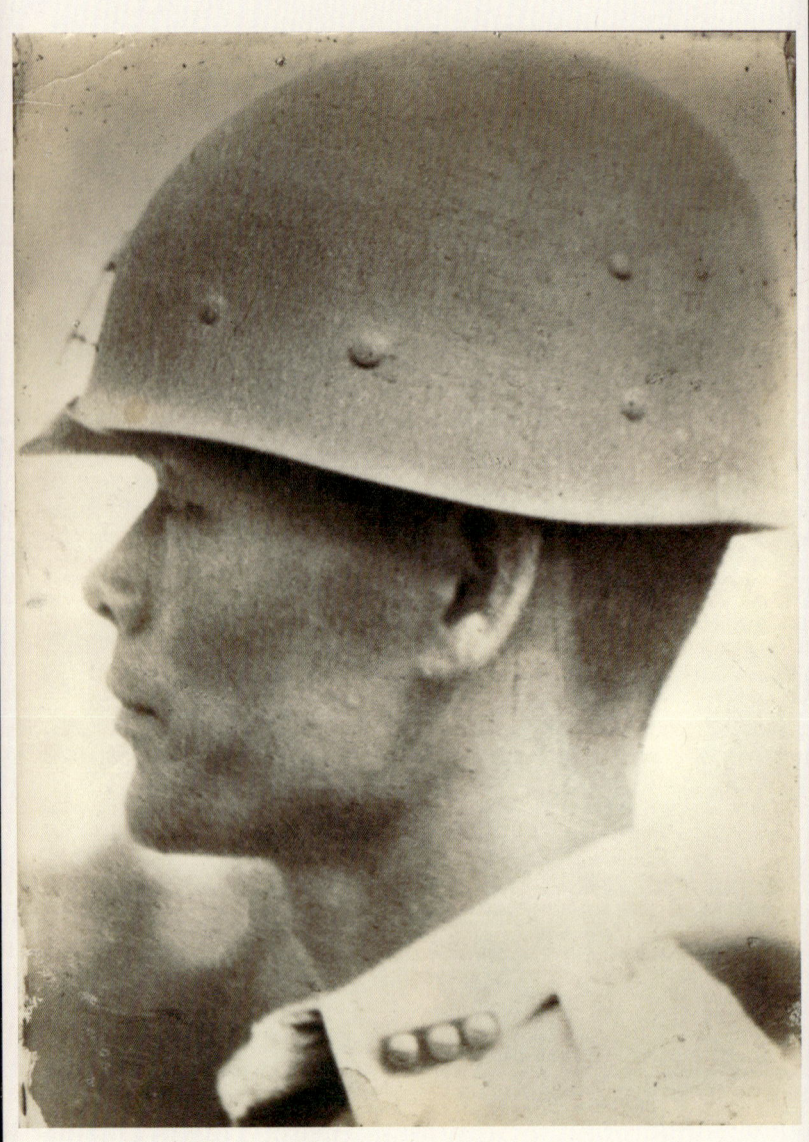

차례 Contents

'과거를 지배하는 자가 미래를 지배한다'

『1984』 조지 오웰

해방의 격랑 속에서 갈라진 한반도의 운명

20세기는 공산주의와 함께 막을 올렸다. 1917년 러시아 볼셰비키 혁명은 전 세계로 퍼져 나갔고, 나라를 빼앗긴 식민지 조선에서도 큰 울림을 남겼다. 평등한 세상, 모두가 잘사는 사회라는 공산주의의 약속은 억압받던 이들에게 달콤한 희망으로 다가왔다. 박헌영과 김단야는 모스크바로 유학을 떠났고, 여운형과 김원봉 같은 독립운동가들까지 공산주의 사상에 매료되었다. 그러나 이들이 꿈꿨던 이상은 오래가지 않았다. 현실의 공산주의는 자유와 민주주의를 지워버리고, 일당 독재와 억압으로 변질되어 갔다.

한국에서 공산주의는 단순한 이념이 아니라 민족 저항의 방식으로 받아들여졌다. 일본 제국주의에 맞서는 무기로 여겨졌던 것이다. 하지만 이는 근대적 사상이 아니라 외세에 대한 적개심과 원한에서 비롯된 퇴행적

'자유는 공짜가 아니다'

Freedom is Not Free

성격이 강했다. 1919년 3·1운동 직후, 조선과 만주, 중국에는 무려 아홉 개의 공산주의 단체가 생겨났고, 지식인들은 공산주의를 이상향으로 바라보았다. 상해파, 이르쿠츠파, 고려공산당, 화요회, 북성회 같은 조직들이 속속 결성되며 사회 전반으로 번져갔다.

그러던 중, 전 세계의 판도를 바꾼 회담이 열렸다. 1945년 2월, 크림반도의 얄타에서 루스벨트, 처칠, 스탈린이 모여 전후 질서를 협의했다. 독일 처리 문제와 유엔 창설, 그리고 태평양 전쟁의 종결을 위한 소련의 참전 조건이 논의되었다. 하지만 한반도 문제는 단 30분 만에 신탁통치라는 결정으로 마무리되었다. 이는 사실상 분단을 예고한 것이었다.

전쟁을 승리로 이끌기 위해 미국은 소련을 도와야 했다. 루스벨트 행정부는 소련에 수천 대의 전투기와 탱크, 그리고 수백만 톤의 식량을 지원했다. 이 힘으로 소련은 스탈린그라드에서 독일군을 꺾었고, 1945년 5월, 마침내 베를린을 함락시켰다. 독일 국회의사당 위로 붉은 깃발이 올라가는 순간, 소련의 승리와 독일의 몰락은 극명하게 드러났다.

태평양 전쟁도 끝을 향해 달려갔다. 1945년 8월 6일, 히로시마에 원자폭탄이 떨어졌고, 불과 며칠 뒤 나가사키에도 같은 운명이 닥쳤다. 동시에 소련군은 일본에 선전포고를 하고 한반도 북부로 진격했다. 단 열흘 만에 나남, 청진, 원산을 차례로 점령했고, 일본군은 속수무책이었다. 이후 9월 9일, 미군이 서울에 도착해 일본군 항복식을 열며 남쪽에는 성조기가 걸렸다. 한반도의 운명은 남과 북으로 갈라지는 길 위에 놓였다.

그러나 많은 이들이 오해하듯 북한이 '친일 청산'을 완전히 해낸 것은 아니었다. 북한 정권 내부에도 일본군이나 헌병 보조원 출신 인물들이 요

직에 올랐다. 홍명희, 김달삼, 김영주 같은 인물들이 대표적이었다. 그러나 이들의 과거는 문제 삼지 않았고, 오히려 친일파 논쟁은 남한에 집중되었다. 북한은 소련의 막대한 지원금을 경제 발전이 아닌 김일성 우상화에 쏟아부었다. 전국 곳곳에 김일성 연구실과 기념물이 설치되었고, 관리 비용만 전체 예산의 40퍼센트를 차지했다.

해방된 한반도에서 소련식 공산주의와 미국식 자유민주주의는 정면으로 부딪혔다. 남한에서는 박헌영이 '8월 테제'를 발표하며 인민공화국 수립을 외쳤다. 문서의 마지막 구호는 "스탈린 동무 만세"였다. 반면, 미국에서 돌아온 이승만은 공산주의와의 대결을 직감하고 대중을 설득하기 시작했다. 그는 특유의 유머와 통찰로 혼란스러운 민심을 잡아갔고, 역사 속 예외적인 개인으로 평가받는다.

그 무렵 북한은 이미 움직이고 있었다. 1946년 2월, 북조선 임시인민위원회가 수립되었고, 토지 개혁이 단행되었다. 무상몰수·무상분배라는 이름 아래 지주들은 하루아침에 땅을 빼앗겼고, 많은 이들이 학살당하거나 추방되었다. 이 시기부터 주민들이 자유를 찾아 남쪽으로 내려오기 시작했다. 남과 북의 분단은 더 이상 피할 수 없는 현실로 다가오고 있었다.

해방 이후, 분단을 향해 달려가는 한반도

북한에서 시작된 토지 개혁은 표면적으로는 '토지는 농민의 것'이라는 구호를 내걸었지만, 실제로 농민들에게 주어진 것은 땅의 소유권이 아니라 단순한 경작권이었다. 땅을 사고팔 수도, 담보로 잡을 수도 없는 제한된 권리였다. 결국 인민위원회가 농민들에게 토지를 준 듯 포장했지만, 실상은 국가가 토지를 독점하는 구조였다. 게다가 불과 몇 달 뒤에는 수확량의 25퍼센트를 세금으로 걷어 갔고, 애국미와 잡세까지 합치면 농민이 내야 할 몫은 30~40퍼센트에 달했다. 해방 전 지주에게 바치던 소작료와 다를 바 없는 부담이었다. '해방의 기쁨'은 금세 무거운 짐으로 바뀌었다.

강제로 쫓겨난 지주들은 하루아침에 집과 재산을 모두 잃었다. 결혼 사진조차 챙길 새 없이 맨몸으로 쫓겨난 이들의 이야기는 토지 개혁이 얼마나 가혹했는지를 보여준다. 심지어 어린 자식이 굶어 죽는 비극도 이어졌다. 결국 북한의 땅은 농민의 것이 아니라 '당의 것, 국가의 것'으로 귀결되었다. 국유화와 종교 탄압이 이어지자, 살 길을 찾아 남쪽으로 내려오는 사람들이 급격히 늘었고, 80만 명이 넘는 월남민들이 남한에 정착했다. 그들은 북한의 현실을 남쪽 사회에 전하며 공산주의 체제가 어떤 모습인지 생생히 증언했다.

한편, 북한이 소비에트식 정부를 빠르게 세워가던 그때, 남쪽의 미군정은 혼란 속에서 갈피를 잡지 못했다. 미국은 소련과의 마찰을 피하려 했고, 좌우 세력을 아우르는 연립정부 구상에 매달렸다. 하지만 이 전략은 이미 동유럽에서 실패가 반복된 방식이었다. 체코, 헝가리, 폴란드에서 '좌우합작'은 공산당이 권력을 장악하는 과정일 뿐이었다. 공산주의자들은 '살라미 썰기 전술'이라는 기만책으로 상대를 조금씩 약화시키며 장악해 나갔다. 스탈린은 '소비에트화를 서두르지 말라'고 지시하면서도, 민족주의와 민주주의를 위장한 전략으로 서서히 세력을 넓혀갔다.

이 같은 흐름은 한반도에서도 똑같이 나타났다. 민족 자주, 외세 배격 같은 구호는 대중의 감정을 자극했고, 좌익 세력은 이를 활용해 기반을 넓혀갔다. 하지만 이승만은 일찍이 이러한 기만을 간파하고 경고했다. 그는 폴란드와 동유럽의 사례를 들어 좌우합작이 곧 공산화의 길임을 지적하며 대중에게 경각심을 불어넣었다.

그러던 1946년 5월, 남한 사회를 뒤흔드는 사건이 터졌다. 조선공산당이 운영하던 인쇄소에서 대규모 위조 지폐가 발견된 것이다. 오늘날 가치로 수천억 원에 해당하는 돈이 비밀리에 찍혀 나왔고, 이를 통해 공산당은 극장과 언론사를 매입하며 여론을 장악하려 했다. 경찰이 사건을 발표하자 공판장에는 공산당원들이 몰려와 붉은 깃발을 흔들며 적기가를 불렀고, 재판정은 아수라장이 되었다. 이 사건은 남한 사회에 충격을 주었고, 많은 사람들이 비로소 공산주의의 민낯을 깨닫게 되었다.

하지만 당시 여론은 여전히 좌익 쪽으로 기울어 있었다. 미군정이 실시한 설문조사에서는 다수의 사람들이 '조선인민공화국'을 나라 이름으로 선호했고, 체제로는 사회주의를 택했다. 자유민주주의와 자본주의를 옹호하는 목소리는 소수였다.

이 혼란 속에서 이승만은 외로운 싸움을 이어갔다. 미군정의 좌우합작 정책이 결국 공산주의 세력에 힘을 실어주는 꼴임을 간파했기 때문이다.

그에게 필요한 것은 새로운 정치 무대, 그리고 공산주의에 맞서 자유를 지켜내는 일이었다. 그것은 위험했지만 숭고한 사명이었고, 대한민국의 미래를 향한 도전이었다.

당시 많은 지식인과 좌파 세력은 대한민국의 건국 자체를 '잘못된 시작'으로 규정했다. 그러나 실제로는 공산주의의 기만에 맞서 누군가는 싸워야 했고, 이승만은 바로 그 길을 택했다. 한반도는 그렇게 분단과 전쟁의 문턱을 향해 빠르게 달려가고 있었다.

1948, 자유를 향한 결단

1946년 가을, 남조선 사회는 거대한 소용돌이에 휘말렸다. 철도·통신 노동자들의 파업은 전국 교통망을 마비시켰고, 대구에서는 쌀 부족을 명분으로 폭동이 일어났다. 단순한 시위가 아니었다. 경찰서가 습격당했고 무기가 탈취되었으며, 경찰과의 총격전까지 벌어졌다. 형무소까지 공격받자, 남한 사회는 본격적인 무장 투쟁의 시대를 맞게 되었다.

혼란의 소용돌이 속에서 이승만은 돌연 미국으로 떠났다. 좌우합작이라는 환상 속에 빠져 있는 미군정 책임자들이 현실을 직시하지 못하고 있다고 본 것이다. 그는 미국을 설득해야만 했다. 마셜 국무장관을 비롯한 반공주의자들과 접촉하면서, 공산주의가 단순한 사상이 아니라 전략적 기만과 폭력의 체계임을 강조했다. 국제 정세를 누구보다 꿰뚫고 있던 그는, 이미 북한이 독자적 국가로 굳건히 자리잡고 있음을 간파했다.

그 무렵 세계는 냉전의 문턱에 들어서고 있었다. 처칠은 공산주의 확산을 "철의 장막"이라 불렀고, 트루먼은 독트린을 선포하며 서방 진영의 반격을 선언했다. 한반도도 그 전쟁터 한가운데 서 있었다.

1947년, 이승만이 귀국했을 때 수많은 인파가 그를 맞았다. 미소공동위원회가 결렬되고, 한반도 문제가 유엔으로 이관되는 중대한 순간이었다. 유엔은 남북 총선거를 제안했지만, 북한은 이를 거부했다. 결국 선거는 남한만의 몫이 되었고, 1948년 5월 10일 제헌의회 선거가 실시되기로 결정되었다.

그러나 그 길은 순탄치 않았다. 남로당은 무장 투쟁을 벌이며 선거를 저지하려 했다. "2·7 투쟁"은 수많은 사망자와 파괴를 낳았고, 그 절정이 바로 제주4·3사건이었다. 새벽 신호 봉화와 함께 경찰서와 선거관리 사무소가 습격당했고, 수많은 민간인이 희생되었다. 후대에 이 사건은 '의로운 항쟁'으로 포장되기도 했지만, 실제로는 선거를 무력화시키려는 남로당의 무장 반란이었다. 당시 주민들은 생존을 위해 마을 둘레에 돌담을 쌓아 스스로를 지켰고, 어린아이조차 순찰을 도는 비극적 현실에 내몰렸다.

이 혼란의 와중에 등장한 비극적 인물이 있었다. 바로 박진경 대령이다. 1948년 5월 제주에서 선거를 지키기 위해 파견된 그는, 단 43일 만에 남로당 프락치에 의해 부하 손에 암살당했다. 이후 그는 "학살자"로 몰렸지만, 사망자 대부분은 그의 죽음 이후 발생했다는 기록이 남아 있다. 선임 지휘관의 증언에 따르면 그의 작전 지침은 "100명의 폭도보다 1명의 민간인을 지켜라"였다고 한다. 그러나 그의 미망인 정봉운 여사는 남편과 아이를 동시에 잃고 평생 비극적 삶을 살아야 했다.

그럼에도 역사는 멈추지 않았다. 1948년 5월 10일, 폭동과 방해 속에서도 제헌의회 선거는 치러졌다. 투표율은 무려 95퍼센트. 전국 200개 선거구 중 단 두 곳을 제외하고 모두에서 국회의원이 선출되었다. 대한민국이라는 새로운 국가는 그렇게, 피와 혼란 속에서 태어났다.

한편 북쪽에서는 이미 인민군이 창건되고, 인공기가 펄럭이며 독자 정부 수립을 마무리했다. 분단은 피할 수 없는 현실이 되었고, 두 개의 체제는 갈 길을 달리기 시작했다. 자유를 향해 몸부림친 남한과, 소비에트식 체제를 완성한 북한. 이 모든 격랑 속에서 대한민국은 탄생했고, 그것은 단순한 국가 건립이 아니라 "자유를 향한 결단"이었다.

흔들리는 남과 북

1948년 봄, 한반도는 역사적 갈림길에 서 있었다. 5·10 총선을 앞두고 김구는 민족의 분단을 막겠다며 평양행을 택했다. 수많은 만류에도 그는 "통일 정부 수립"을 외치며 연석회의장에 섰지만, 그 자리는 이미 북한과 소련이 짜놓은 각본 위에서 돌아가고 있었다. 남북 협상을 통한 통일이라는 명분은 허울뿐이었고, 김구의 방북은 결과적으로 남로당과 좌익에게 단독 선거 반대 명분을 제공하는 도구가 되었다.

그 무렵 북한은 해주에서 남조선 인민대표자대회를 열었다. 제주4·3 무장투쟁을 이끌던 김달삼이 몰래 월북해 연설을 하며, "5·10 선거 저지"와 "북한 정권 지지"를 공식화했다. 그는 제주도민 수만 명의 이름을 담은 명부까지 바치며 남쪽 선거의 정통성을 부정했다. 북한은 그를 애국열사로 기리고 훈장까지 수여했지만, 그가 남긴 흔적은 남한 사회에 깊은 상처였다.

제주4·3의 역사는 이후에도 첨예한 논쟁의 장이 되었다. 희생자 위패 봉안실에 가해자였던 인민유격대원들까지 포함됐다는 사실이 드러나자, 이를 바로잡으려는 목소리도 거세졌다. 하지만 정치적 이해관계 속에서 바로잡히지 못한 채 혼란은 이어졌다. 심지어 공중파 방송은 이승만에게 책임을 돌리기도 했으나, 당시 대한민국은 아직 미군정 치하였고, 그는 대통령이 아니었다.

북한은 같은 해 8월, 찬성과 반대로 구분된 기묘한 '투표함'을 들이밀며 최고인민회의 대의원을 뽑았다. 민주주의의 탈을 쓴 허구적 선거였고, 김달삼은 그곳에서 대의원으로 선출되었다. 반면 남쪽에서는 선거가 예정대로 치러져 제헌국회가 구성되었다. 이 두 장면은 분단을 굳히는 상징적 순간이었다.

하지만 비극은 거기서 멈추지 않았다. 불과 두 달 뒤 여수에서는 군부대가 반란을 일으켰다. 제주4·3 진압 명령을 거부한 14연대는 지휘관을 살해하고 시내로 진입해 무고한 양민을 학살했다. 이 사건은 군 내부에 남로당 프락치가 깊숙이 자리 잡고 있음을 드러냈고, 대대적인 숙군 작업으로 이어졌다. 수천 명의 군인들이 검거되거나 월북했고, 군의 10퍼센트가 좌익 성향으로 드러났다.

심지어 1949년 5월에는 표무원, 강태무 소령이 각각 수백 명의 병력을 이끌고 월북하는 사건까지 벌어졌다. 해군 함정과 공군 연락기도 북으로 넘어갔다. 이것은 우발적 변심이 아니라, 김일성의 명령과 성시백 같은 공작원의 지령 속에 움직인 치밀한 공작이었다.

이 일련의 사건들은 대한민국이 건국 직후부터 얼마나 취약한 기반 위에 서 있었는지를 보여준다. 분단은 이미 현실이었고, 자유민주주의 체제를 지키려는 세력과 이를 무너뜨리려는 공산주의 세력 간의 싸움은 국가의 존망을 건 대결이었다. 그리고 그 대결의 한가운데에서 대한민국은 흔들리면서도 조금씩, 그러나 분명히 앞으로 나아가고 있었다.

피와 불 속에서 세워진 나라, 대한민국

여순 반란과 제주 무장봉기 같은 좌익의 도전이 이어지자, 신생 대한민국 정부는 건국 두 달 만에 계엄령을 선포했다. 그리고 1948년 12월, 국가보안법을 제정해 체제를 흔드는 세력에 맞섰다. 그러나 공산주의의 침투는 집요했다. 국회 내부에도 남로당 프락치가 뿌리를 내리고 있었고, 북한 공작원 성시백은 의원들을 포섭해 미군 철수를 압박했다. 결국 1949년 6월, 주한미군 전투병력이 철수했고 한반도는 위험한 공백 상태에 놓였다.

이승만 정부는 무력만으로는 해답을 찾을 수 없다며 남로당 자수 기간을 선포했다. 33만 명이 넘는 이들이 돌아왔지만, 북은 이미 남침 준비를 끝내고 있었다. 1950년 봄, 김일성과 박헌영은 모스크바로 가서 스탈린의 승인을 받아냈고, 중국의 마오쩌둥까지 끌어들였다. 소련제 탱크와 미그 전투기, 무수한 탄약이 북으로 쏟아져 들어왔다. 해방 5년 만에 한반도 전체를 공산화하려는 계획이 무르익은 것이다.

그리고 1950년 6월 25일, 마침내 전쟁이 터졌다. 한국인들은 몸으로 공산주의의 실체를 겪었다. 자유의 이름으로 싸워야 한다는 사실을 뼈저리게 깨달았다. 퇴각하는 인민군은 교회를 불태우고 목사와 수녀를 무참히 살해했다. 신앙을 가졌다는 이유만으로 수천 명이 죽임을 당했다. 이런 만행은 4·3 사건이나 여순 반란에서 이미 드러난 공산주의의 민낯을 다시금 확인시켰다.

세월이 흘러도 논란은 이어졌다. 2025년, 제주4·3 77주년 전야제에서도 또다시 이승만을 학살자로 지목하는 목소리가 울려 퍼졌다. 그러나 기록 속 계엄령에는 대통령뿐 아니라 전 내각의 서명이 함께 있었다. 국가를 지키려는 조치가 어떻게 '불법'일 수 있단 말인가? 행사 무대에 오른 인물들 중에는 여전히 "한국은 미국의 식민지"라는 낡은 구호를 외치는 이도 있었다. 백비로 남겨진 기념관의 돌덩이는, 과연 앞으로 어떤 글자를 새겨 넣을 것인지 우리에게 묻고 있었다.

전쟁이 한창이던 시절, 국민들은 자유의 소중함을 절실히 깨닫기 시작했다. 산골 피난길에서 애국가를 조용히 부른 사람들, 인민공화국의 공기를 마셔 본 뒤에야 대한민국을 그리워한 백성들. 그 모든 눈물과 고통 속에서 "대한민국은 피와 땀, 목숨으로 세워졌다"는 진실이 드러났다.

이승만은 전쟁 내내 279회가 넘는 연설을 하며 전선을 돌았다. 전쟁은 내란이 아니라 문명과 정의를 지키는 국제전임을 강조했다. 전투기 공격을 피하며 수원에 도착했을 때, 그는 밭고랑에 돋아난 어린 콩싹을 보며 이렇게 말했다.

"여러분, 우린 지금 겨우 싹트기 시작한 콩싹을 밟고 있소."

그 말처럼 많은 새싹은 밟혀 사라졌지만, 살아남은 싹들은 훗날 '한강의 기적'을 피워냈다. 무너진 다리는 다시 놓였고, 전국을 가르는 고속열차가 달렸다. 끊긴 통신선은 복구되었고, 이제는 세계를 선도하는 무선 기술이 되었다. 무엇보다도 교육을 통한 인재 양성은 오늘날 대한민국을 만든 가장 큰 힘이 되었다.

대한민국 건국 세대가 몸 바쳐 지켜낸 자유는 아직도 진행형의 전쟁 속에 있다. 그들의 희생은 단순히 과거가 아니라, 오늘 우리가 숨쉬는 자유의 공기 속에 살아 있다. 대한민국의 건국전쟁은 끝나지 않았다.

TIME LINE

● **1945**

02월 04일-11일 얄타회담

08월 06일 히로시마 원폭

08월 09일 소련군 참전

08월 11일 소련군 북한 웅기, 청진, 나진 점령

08월 15일 해방

09월 09일 일본 항복 조인식

● **1946**

02월 북조선 임시인민위원회 수립

03월 08일 북한 토지 몰수, 분배, 주요 산업 국유화 사회주의화

03월 23일 북조선 임시 인민위원회 20개 정강 발표
┃ 공산주의 반대하는 정당, 단체, 개인의 활동을 엄금

05월 조선정판사 위조지폐 사건

07월 26일 조선공산당 '신전술' 채택

09월~10월 대구 10·1 사건 ┃ 쌀 배급 폭동

11월 23일 남조선노동당(남로당) 결성 ┃ 당시 당원 538,000명

● **1947**

03월 12일 트루먼 독트린

03월 22일 전평 3월 총파업

08월 남로당제주도당 군사체제로 돌입, 인민해방군 조직

09월 미국의 대소련 정책 변화, 반공 노선

11월 14일 유엔, 남북 총선거 결정

1948

01월 24일 북한, 유엔한국임시위원단 입북 거절

02월 07일 남로당 2·7투쟁, 무장 투쟁으로 전환, 미군정과 강경 대립

02월 08일 조선인민군 창건

02월 10일 북한 조선임시 헌법 초안 발표

04월 03일 제주 4·3 사건 발발

05월 10일 남한 단독 총선거 | 제헌의회 선거

07월 15일 남로당, 남한 전역에서 비밀리에 지하선거 실시

07월 24일 이승만 대통령 취임

08월 15일 대한민국 정부 수립

08월 25일 북한 제1기 최고인민회의 대의원 선거

10월 19일 여순 반란 사건

12월 01일 국가보안법 제정

1949

05월 05일 국군 제8연대 표무원·강태무 집단 월북 사건

05월 13일 해군 508호 월북 사건

05월 17일 국회 프락치 사건

06월 주한미군 전투 병력 철수

1950

01월 12일 애치슨 라인 발표

03월 30일 김일성 박헌영 모스크바 방문

05월 13일 김일성 박헌영 마오쩌둥과 만남

05월 14일 스탈린 마오쩌둥에게 비밀전문 8600호 발송

06월 25일 한국전쟁 발발

1953

07월 27일 정전협정 체결

ORIGINAL SCENARIO

오리지널 시나리오

20세기는 공산주의와 함께 시작했다

narr.

20세기는 공산주의와 함께 시작했다. 그 출발은 1917년 러시아에서 일어난 볼셰비키 혁명이었다. 혁명의 바람은 세계 곳곳으로 번져나갔다. 모두가 평등한 세상을 꿈꾸며 지상 낙원을 건설하겠다는 야망을 품었다.

이런 열풍은 제국주의에 나라를 빼앗긴 식민지 국가들에서 더욱 거세게 일어났다. 일제에 나라를 빼앗긴 한반도 역시 예외는 아니었다.

1920년대 공산주의를 배우기 위해서 모스크바에 유학했던 박헌영, 김단야를 비롯해서 독립운동가 여운형과 북한 건국에 기여한 것으로 알려진 김원봉까지 초기 한국의 독립운동가들 중 상당수가 공산주의자들이었다.

20세기, 세계 곳곳에서 공산 혁명은 그렇게 성공을 거뒀다. 힘 없는 약자를 보호하고 모두가 평등한 세상을 건설하겠다는 공산주의의 이상은 많은 사람들에게 달콤한 유혹이었다. 하지만 그 장밋빛 희망과 미래는 오래가지 않았다.

공산주의 속에서 또 다른 억압과 차별이 발생했다.

자유와 민주주의, 시장경제는 사라지고 공산당이 모든 것을 결정하는 일당 독재의 억압이 시작된 것이다.

int. **김동식** 전 북한 남파공작원 북한전략센터 이사장

해방 전에 이미 독립운동을 했던 많은 사람들이 사회주의 사조, 사회주의 사상에 대해서 그렇게 거부감이 없었던 것 같습니다. 그러니까 그 사람들은 독립운동과 사회주의 운동을 같은 맥락에서 이해를 했던 것 같아요 그러다 보니까 사회주의라고 하는 어떤 실체적인 그 표상에 접근하기보다 실체적인 진실에 접근하기보다는 그냥 허상만 보고 온 국민이 다 잘 살게, 골고루 잘 살게 한다는 사회주의가 나쁠 게 뭐 있느냐, 이런 식으로 접근을 하다 보니까 그런 (사회주의) 경향이 강하게 나타나지 않았나 생각합니다.

int. **최범** 문화평론가

한국의 공산주의는 일제 식민지 시대에 형성이 됐어요. 당시 일본 제국주의와 투쟁하는 일종의 민족 저항운동의 하나로 공산주의가 받아들여진 것이 사실이고요. 그리고 해방 정국, 좌파에 이르기까지 사회주의 사상이 전개가 되고 있는데.

narr.

1919년 3·1운동 직후─한반도와 중국, 만주 일대에는 무려 9개의 공산주의 단체들이 조직되었다─당시 나라를 잃어버린 지식인들에게 공산주의는 이상향과도 같았다. 외세에 대한 적개심, 공산주의를 선호하는 맹목적인 감정들이 지배하기 시작했다.

한국 공산주의가 가지고 있는 외세에 대한 적개심, 원한 감정 같은 것들은 근대적이라고 보기보다는 또는 근대의 극복이라기 보다는 여전히 전근대적인 종족에 기반한 배타적인 원한 감정에 가깝다.

왜 그렇게 한국에 좌파 공산주의가 강하냐라는 것도 결국은 이것도 격세유전이라고 봐요.

손자가 세대를 건너뛰어서 할아버지를 닮는 것 그것을 우리가 격세유전이라고 하는데 근대를 극복하는 탈근대사상이고자 했던 공산주의가 근대의 극복은커녕 오히려 전근대와 닮은꼴로 보인다는 것. 저는 되게 중요하다고 봐요.

한국의 좌파 공산주의 세력은 한국의 근대를 부정하는 전근대 농촌공동체 사회를 이상적으로 생각하는 퇴행적인 사상이라고 생각합니다. 그리고 여전히 아직도 한국인들의 정신에는 그런 것들이 뿌리깊게 남아 있다.

1920년대의 조선의 공산주의자들

해외 활동 기반

상해파 중국 상하이에서 조직된 계열. 주로 독립운동가들이 공산주의 사상과 결합해 활동.

이르쿠츠크파 러시아 이르쿠츠크에서 조직된 계열. 소련의 직접적인 영향을 강하게 받음.

고려공산당 1921년 모스크바에서 창립, 해외 한인 사회를 중심으로 결성된 초기 한국 공산당 성격의 조직.

국내 비밀 결사·모임

화요회(華友會) 1926년, 서울에서 결성된 공산주의 학회 성격의 그룹. 주로 청년 지식인 중심.

북성회(北星會) 학생운동과 청년운동에서 출발, 사회주의 운동에 가담한 그룹.

정당·청년조직

조선노동당 북한 정권 수립 직후 주도 세력이 되는 당.

고려공산청년회 청년층을 중심으로 조직된 공산주의 청년단체.

문화·예술운동

조선프롤레타리아예술동맹(KAPF, Korea Artista Proleta Federacio) 1925년 결성. 문학과 예술 활동을 통해 프롤레타리아(노동자) 계급 해방을 추구한 문학 예술 단체.

얄타회담 루스벨트, 처칠, 스탈린

얄타회담 1945년 02월 04일

얄타회담

narr.

1945년 2월, 한반도가 해방되기 6개월 전세계의 열강들은 러시아 크림반도에 위치한 휴양지 얄타에 모여 2차 세계대전 종전 이후의 새로운 국제질서를 협의했다. 이른바 얄타회담으로 불려지는 3개국 정상들의 회담이 바로 그것이었다.

8일 동안 계속된 회의에서는 전후 독일의 처리 문제를 비롯해서 폴란드를 포함한 동유럽 새로운 국경선, 그리고 유엔의 구성 등에 관한 포괄적인 논의가 진행됐다.

특히 2차 대전의 조속한 종식을 위한 소련의 태평양 전쟁 참전과 동아시아에서 소련의 영향력 확대 등을 놓고 치열한 외교전이 펼쳐졌다. 그러나 이미 한반도에서 신탁통치를 실시한다는 기존의 계획은 바뀌지 않았다.

한반도의 운명과 관련된 모든 결정은 그렇게 30분만에 끝이 났다. 얄타회담은 한반도의 분단을 예고하고 있었다.

아시아 지역에서 패권을 넓히려는 스탈린의 욕망은 다른 나라 정상들을 압도했다.

이제 스탈린은 2차 대전의 승리를 위해 자신들이 흘린 피의 대가를 확실히 받아내야만 했다.

랜드리스 정책

제2차 세계대전 당시 자유 프랑스군 제2기갑사단에 보급된 M4 셔먼 중형전차

랜드리스 법안

루스벨트 대통령이 서명한 특별 법안으로 미국이 직접 참전하기 전 영국·소련·중국 등 50여 개 동맹국에 무기·식량·전차 등을 대규모로 지원할 수 있도록 한 제도. '빌려주고(Lend), 임대한다(Lease)'는 형식이었지만 실제로는 무상 지원에 가까웠고 전쟁 후 남은 물자만 반환하면 되었다.

이 법을 통해 소련은 탱크 13,000대, 전투기 14,000대, 식량 450만 톤을 공급받아 스탈린그라드 전투 등에서 버틸 수 있었고 영국도 독일의 공세를 막아낼 수 있었다. 결과적으로 미국은 연합국의 병기고 역할을 했고 전쟁 이후 세계 패권이 영국에서 미국으로 넘어가는 계기가 되었다.

narr.

전쟁에서 결정적 승리를 얻기 위해서 미국은 소련과 손을 잡아야 했다. 1941년 3월 루스벨트 행정부는 소련과 영국 등에 전쟁 물자와 자금을 지원하는 랜드리스 법안을 통과시켰다. 나치에 맞서 고전을 면치 못하고 있는 소련을 위해서는 백만 달러가 넘는 전쟁 지원금을 소련에 보냈다.

소련군 레닌그라드 공방전 승리

narr.

랜드리스 정책으로 가장 큰 수혜자는 소련이었다. 13,000대의 탱크와 전투기를 포함한 항공기 14,000대 그리고 450만 톤에 달하는 식량이 소련을 위해 지원되었다. 랜드리스 정책과 더불어서 해가 지지 않는 나라 대영제국의 패권은 신흥 강국 미국으로 이전되었다.

나치 히틀러의 고전

narr.

그리고 이와 동시에 승승장구하던 나치 독일의 기세도 꺾이기 시작했다. 스탈린그라드를 놓고 독일과 소련은 6개월 동안 전투를 벌였다. 이 전투는 제2차 세계대전의 향배를 결정지을 만큼 치열한 전투였다.

1943년 2월, 미국의 지원을 받은 소련군은 독일군 주력 부대에 궤멸적인 타격을 입혔다. 이 전투를 기점으로 나치 독일은 전쟁의 주도권을 완전히 상실했다.

나치 독일의 패배가 점점 현실이 되기 시작했다.

베를린 함락

베를린 함락

베를린 함락 1945년 05월 02일

narr.

1945년 5월 2일, 드디어 독일의 수도 베를린이 소련군에 의해 함락 됐다. 베를린 국회의사당 건물에 남아 있는 마지막 독일군을 소탕한 뒤 소련군 지휘부는 국회의사당 건물 위에 소련의 붉은 깃발을 꽂았다. 이 한 장의 사진은 소련의 승리와 독일의 몰락을 그대로 상징적으로 보여주고 있었다.

일본 패망

히로시마 원폭 투하 1945년 08월 06일

narr.

일본의 진주만 기습으로 시작된 태평양 전쟁도 결국 승자는 미국이었다. 1945년 8월 6일, 히로시마에 '리틀 보이'라고 명명된 세계 최초로 원자폭탄이 떨어졌다. 군인 2만 명과 민간인 15만 명의 사망을 포함해서 한순간에 도시가 잿더미가 됐다.

히로시마 원폭 투하

두 번째 핵폭탄이 나가사키에 투하되기 몇 시간 전인 1945년 8월 9일 0시를 기해 소련은 일본에 선전포고를 했다. 소련은 동아시아에서 자신들의 이익과 목표를 노골적으로 드러냈다. 하지만 당시만 해도 미국에게 소련은 연합국의 일원이었다. 동북아시아에서 패권을 차지하기 위한 소련의 움직임을 미국은 속수무책으로 지켜볼 수밖에 없었다.

narr.

'독일이 항복한 날로부터 3개월 이내에 소련은 일본과 전쟁에 들어간다.' 얄타에서의 비밀 합의에 따라 4월 소련은 일본에 소·일 중립 조약의 폐기를 통보했다. 그러곤 비밀리에 극동으로 인력, 장비, 물자를 운송했다. 불과 넉 달 만에 30개 사단, 100만 명 이상의 병력이 극동의 새로운 주둔지로 이동했다. 이를 위해 13만 6000량의 열차가 동원되었고, 시베리아 횡단 열차는 매일같이 22~30편씩 투입돼 장장 1만 킬로미터를 내달렸다.

소련군 참전 선언

소련군 참전 선언 1945년 08월 09일

narr.

소련군은 '8월의 폭풍'처럼 빠른 속도로 일본군을 몰아붙였고 한반도 북쪽 도시들이 순식간에 소련군에 점령됐다. 불과 2주 만에 작전 길이 5000킬로미터 반경 600~800킬로미터의 긴 전선과 국경 지대에 산재한 17개 요새, 그리고 4500개에 달하는 영구 장애물을 돌파했다. 엄청난 속도였다. 패망 직전에 놓인 일본군은 속수무책이었다. 일본군 8만3000여 명이 전사했고 무려 64만여 명이 포로가 되었다.

소련군은 나남, 부령, 어대진, 원산을 차례로 점령했다. 산발적인 전투는 8월 20일까지 이어졌다. 열흘 남짓한 한반도 전투에서 소련 육·해군은 1,963명의 인명 피해를 입었고, 그중 전사자는 691명이었다. 한국 전쟁 3년 동안 소련군 전사자 299명의 두 배가 넘었다.

소련군 북한 웅기, 청진, 나진 점령

소련군 북한 웅기, 청진, 나진 점령 1945년 08월 11일

narr.

1945년 9월 9일, 소련군보다 한 달 늦게 미군이 한반도에 진주했다. 그날 오후 서울 중앙청 조선총독부 중앙 회의실에는 미군 제24군단 존 하지 중장을 비롯한 미군 장성들이 지켜보는 가운데 일본군의 항복 문서 조인식이 열렸다. 곧이어 중앙청 앞마당에 걸려 있던 일장기가 내려가고 성조기가 게양됐다. 한반도는 남과 북으로 그렇게 엇갈린 운명을 맞이하고 있었다.

일본 조선총독부 항복 조인식 1945년 09월 09일

int. 브라이언 마이어스 동서대학교 국제학과 교수

한국 사람들이 좀 잘못 생각하는 것은 '국가의 시작이 좋아야 존중받을 가치가 있다'라고 생각하는 것이에요. 만일 국가의 출발이 나쁘면 그 국가를 영원히 존중하면 안 된다'라고 생각하는 도덕주의 사고방식을 좀 갖고 있는 것 같아요. 그런데 사실상 모든 국가들이 나쁘게 출발하죠.

일본 조선총독부 항복 조인식

미국 같으면 우리는 원래 살았던 인디언들을 막 죽이면서 땅을 훔치고 그랬잖아요. 노예제도도 100년 정도 갖고 있었잖아요. 프랑스 같으면 더 나쁜 짓도 했죠. 그 테러 공포정치가 있었잖아요. 그렇다고 해서 미국 사람들이 '미국을 존중할 가치가 없다'라고 생각하지 않죠.

프랑스 사람들도 자신이 프랑스 사람임을 굉장히 자랑스럽게 생각해요. 유독 한국 사람들만이 '한국의 출발이 나빴기 때문에 이 나라는 존중받을 가치가 없다'라고 생각하는 것 같아요. 그리고 많은 사람들이 북한의 출발이 훨씬 좋았다고 생각을 해요.

'북한이 친일 청산을 했다'라고 잘못 생각하는 사람들이 굉장히 많아요. 사실상 김일성 정권의 친일파가 꽤 많았어요.

북한의 친일파들

홍명희 (북한 부수상)
일제 시기 임전대책협의회 활동 참여
해방 후 북한 정권에서 부수상(부총리급)으로 활동 | 민족주의 계열이었지만 일제 말기 협력 전력 있음 → 해방 후 '민족문학의 권위자'로서 체제 정당성 강화에 활용됨.

김영주 (북한 부주석, 김일성 동생)

일제 시기 일본 헌병 보조원

해방 후 김일성의 측근으로 부주석까지 승진 | 의미 최고지도자 가족조차 식민지 협력 전력이 있음을 보여줌.

이활 (북한 공군사령관)

일제 시기 일본군 나고야 항공학교 출신

해방 후 북한 공군 창설 주역 | 식민지 군사 교육이 해방 후 북한 군사력 형성의 인적 토대가 됨.

김달삼 (남로당 제주 4·3사령관)

일제 시기 일본군 소위로 임관

해방 후 제주 4·3 사건 남로당 무장투쟁 지도자 | 일본군 경력이 남로당 무장조직 지휘에 기여.

이승엽 (남로당 서열 2위)

일제 시기 식량수탈기구 '조선식량영단' 이사

해방 후 남로당 정치부문 핵심 지도자 | 경제·행정 경력이 해방 후 혁명운동의 조직 운영 능력으로 연결.

narr.

남한 출신으로 월북한 후에 북한에서 부수상을 역임한 홍명희, 제주4·3사건을 일으킨 인민유격대 사령관 김달삼의 친일 경력이 한국 사회에서 문제가 된 적은 없다. 친일파로 분류되어 논란이 중심이 되었던 인물들은 거의가 대한민국 건국과 직접적으로 연관

된 인물들이다. 이것은 친일파 논쟁이 특정한 정치적 의도와 목적을 지닌 채 진행되고 있음을 의미하고 있는 것이다.

int. 브라이언 마이어스

한국인들은 자신들의 나라에서 1945년에 '친일파'가 숙청되지 않았다는 사실을 매우 이상하게 생각하고 있습니다. 식민지가 끝나면 자연스럽게 식민지에서 일했던 모든 사람을 제거하는 것이 당연하다고 생각하는 것 같습니다. 사실 그런 일은 세계 어느 나라에서도 일어나지 않았습니다.

int. 김대호 사회디자인연구소 소장

여전히 그 역사, 정신 문화적인 어떤 토양하고 그 다음에 북한의 어떤 사상, 이념적인 영향력이 있지 않습니까. 그리고 또 그에 어떤 잔당들이 있지 않습니까. 어떻게 보면 지독한 가난의 어떤 평등화가 일어난 사회였기 때문에 정말로 공산주의를 하기에는 천혜의 조건이었다는 생각이 들어요.

트루먼 특사 에드윈 폴리 방한

에드윈 폴리 보고서

트루먼 특사 에드윈 폴리 방한 1946년 09월 09일

narr.

1946년 9월 6일 미국 트루먼 대통령의 특사 자격으로 에드윈 폴리가 한국을 방문했다. 그는 전후 한반도에 남아 있던 일본의 산업 시설과 자원 등을 조사하기 위해 남북한을 동시에 방문했다. 그는 소비에트화 길로 들어선 북한을 자신의 눈으로 직접 확인한 뒤 한 편의 보고서를 작성했다. 보고서에 담긴 내용은 충격적이었다.

'한국의 공산주의는 세계에서 가장 좋은 출발을 하고 있다'

에드윈 폴리 보고서 | 1946년 06월 22일

1947년 김일성 우상화

평양 8·15 광복 2주년 기념대회 1947년 08월 15일

narr.

에드윈 폴리가 북한에서 직접 본 것은 놀라웠다. 그때부터 이미 북한에서는 김일성을 수령으로 하는 영도 체제가 형성되고 있었다.

1945년 08월 해방 직후 독립운동가와 정치범 석방

평양 8·15 광복 2주년 기념대회

해방이 된 지 2년 만에 북한의 모든 사회체제가 소련 군정의 계획대로 변화하고 있었다. 자신들의 입맛에 맞게 군중 대회가 조직되었고 김일성의 연설문까지 소련군 지휘관들에 의해서 작성되었다. 현재까지도 북한 주민들 사이에서 널리 불려져 있는 '김일성 찬가'가 만들어진 것도 바로 이 시기였다.

평양 8·15 광복 2주년 기념대회 1947년 08월 15일

김부자 우상화 선전물 총 14만 개
관리 비용 북한 전체 예산의 40%

int. 김동식

그때 소련이나 동구권 사회주의가 북한에 지원해준 지원금이 어마어마한 돈입니다. 이런 막대한 돈이 인민 생활을 발전시키고 경제를 발전시키는 데 썼어야 되는데 여기에다 쓰지 않고 우상화 작업에만 쓰다 보니까 경제가 피폐해졌다.

우상화 관리 비용 | 북한 전체 예산의 40%

제1차 미·소공동위원회 회의 개막식

공장, 기업소는 물론이고 학교, 군부대 이런 공공기관에 김일성 연구실이라는 게 있습니다. 그 안에는 김부자 반신상이 만들어져서 배치를 해놓았는데 이것을 최상의 수준에서 관리를 해야 됩니다. 그래서 연구실에는 모두 관리인 한 사람이 다 있습니다. 여기에 들어가는 돈이 어마어마합니다. 그런데 이 연구실이 과연 북한에 몇 개나 되겠느냐? 제가 봤을 때는 아마 수십 만 개가 될 겁니다.

38선으로 갈라진 한반도

미소공동위원회 환영 및 임시정부수립 촉진대회 1946년 04월 11일, 서울

narr.

해방과 함께 남과 북으로 갈라진 한반도에서는 이미 소련식 공산주의와 미국식 자유민주주의로 나눠진 두 개의 이념적 체제가 경쟁을 시작하고 있었다. 하지만 당시 우위를 점하고 있었던 것은 좌익 세력이었다. 그리고 그 중심에 박헌영이 있었다.

박헌영은 이미 1920년대부터 공산주의 운동을 시작했던 인물이었다. 그는 1945년 8월 15일, 일제로부터 해방되던 바로 그날부터 공산주의 재건운동에 돌입했다. 곧이어 인민공화국 수립을 목표로 하는 박헌영의 '8월 테제'가 발표되었다. 박헌영은 남한을 북한식 인민공화국 체제로 만들겠다는 목표를 분명히 했다.

박헌영의 '8월 테제'

인민정권 수립을 위한 전국적 투쟁

조선인민공화국 만세!

조선공산당 만세!

세계 혁명운동의 수령 스탈린 동무 만세!

int. **양준석** 국민대학교 정치학과 교수

실제 내용에서는 민족은 없었고 인민민주주의 기본 요소인 노동자
와 농민만을 강조한 결국에는 그 마지막에도 '프롤레타리아 혁명
을 지향한다.' 이렇게 되어 있습니다. 그리고 제가 좀 인상 깊었던
것은 마지막 내용에 "세계 혁명운동의 수령 스탈린 동무 만세!"

이렇게 맨 마지막 줄로 맺습니다. 그래서 이 테제의 성격을 우리가
극명하게 확인할 수 있는 부분입니다.

남한 사회 좌우분열, 혼란

narr.

1945년 10월 한반도는 신탁통치 논쟁에 휩싸였다. 갑작스럽게 신
탁통치를 지지한다는 좌익들의 입장이 알려지면서 갈등은 더욱
격화됐다. 1945년 10월 16일 미국에서 40여 년 만에 귀국한 이승
만은 …

이승만 대통령 귀국

독립촉성중앙협의회

혜성처럼 나타난 이승만

독립촉성중앙협의회 1945년 10월 23일

narr.

1945년 10월 16일 오랜 타향 생활을 정리하고 이승만이 귀국했다. 해방 이후 갈피를 잡지 못하고 좌우가 치열하게 갈등하던 시절이승만은 혜성처럼 자신의 조국에 나타났다.

이승만은 한반도에서 공산주의와 자유민주주의의 대결이 본격화되고 있음을 직감했다. 이승만은 미국에서 습득한 특유의 유머와 친화력을 바탕으로 이념에 사로잡힌 대중들을 설득시켜 나갔다.

결국 그 싸움은 남한에서 이승만과 박헌영의 대결이었고 한반도 전체를 놓고 보면 소련을 등에 업은 김일성과의 결코 물러설 수 없는 싸움이기도 했다.

int. 김동식

사실은 김일성은 공부한 게 없거든요. 중학교 그 당시에 졸업을 했는지 말았는지 모르겠습니다마는 이승만 박사에 비하면 이 지적 수준이 현저히 낮다고 밖에 볼 수가 없죠. 그러니까 세상을 보는 눈도 그렇고 국가를 이끌어 나가는 방식에 있어서도 그렇고 거칠 수밖에 없는 것이고.

int. 최범

이승만은 정말 굉장히 예외적인 개인이라고 봐야 되겠죠. 이승만
은 어쨌든 되게 놀라운 사람이고, 당시에 한국인 중에 그런 의식
과 통찰을 가진 사람은 없었을 거라고 봐요. 어느 시대나 예외적
개인은 있지만 어떤 선구자 통찰력을 가진 예외적 개인은 언제나
있지만 그러나 언제나 예외적 개인이 역사를 만들지는 않잖아요.
그에게 권력이 주어지는 그런 행운은 그렇게 많지 않지 않습니까?

어떻게 보면 우리 대한민국의 행운은 이승만과 같은 예외적 개인
이 있었다는 것도 중요하지만 그 이승만에게 권력이 주어졌다는
것 그것은 정말 천우신조의 기회라고 보는데 ….

narr.

하지만 이승만이 대한민국의 대통령이 되는 과정은 결코 순탄하
지 않았다. 무엇보다 좌우익의 극심한 대립과 갈등 속에서 대한
민국이라는 국가를 설립하는 것 자체가 고난의 연속이었다. 특
히 좌우합작을 추진하는 미군정의 정책들과 맞서는 것부터가 쉽
지 않았다.

북조선 임시인민위원회 수립 | 1946년 02월 08일

북조선 임시인민위원회 수립

narr.

1946년 2월 8일, 북한에서는 스탈린의 지시에 의해 정부의 기능을 갖춘 북조선 임시인민위원회가 수립되었다. 임시라는 단어는 남한보다 먼저 분단의 원인을 제공했음을 감추려는 전형적인 공산주의 전술에 불과했다. 김일성을 위원장으로 하는 정부 조직이 구성되었고, 기업과 은행, 광산 등 산업 시설에 대한 국유화와 행정기관인 인민 위원회 결성을 포함하는 20개의 정강이 발표되었다.

특히 무상 몰수·무상 분배를 기본으로 하는 토지 개혁안은 북한이 어떤 사회를 지향하고 있는지를 명확히 보여 줬다.

소련 군정의 강압적인 지원과 김일성의 지시로 북한에서의 토지 개혁은 매우 비인간적이고 가혹하게 진행되었다. 하루아침에 토지를 빼앗긴 지주들은 거세게 반발했다. 이 과정에서 많은 지주들이 학살되었고, 다른 지방으로 추방되었다. 북한 주민들이 자유를 찾아 남한으로 월남하기 시작한 것도 이 시기부터였다.

남북분단은 점점 현실이 되어가고 있었다.

북한 토지 개혁 | 1946년 03월

토지 몰수 자료

김진태 (토지 몰수 자료를 확인한다)

이것이 할아버지 보관하고 계셨던 것을 이렇게 철을 해놓아서.

Q. 이게 원본이에요?

네. 군외 이주 명령장, 회양군 회양면 읍내리 성명 김진태, 이렇게
되어 있습니다.

북한 토지몰수 자료 1948년 04월 24일

"금번 조사에 의하여 북조선 토지 개혁 법령에 의한 불로지주로 판
명되었기에 지정 일시 내에 이주할 것을 명령함."

int. 김진태 북한 토지 개혁 강탈 피해자 후손

1948년 4월 그 당시인 것 같아요. 그런데 여기 테입으로 붙어 있
네요? 아마 접어서 갖고 나오신 것을 테입으로 붙여서 이렇게 만
들어 보관하고 계셨던 것 같아요.

Q. 여기 스케이트 타시는 맨 오른쪽에 계신 분이 할아버님 확실하죠?

네.

narr.

'토지는 농민의 것'이 되었다고는 하나, 농민들은 분배받은 땅을 마음대로 팔거나 담보로 잡힐 수 없었다. 북한 인민위원회는 농민에게 '소유권'을 넘겼다고 생색을 냈지만, 농민이 실제로 건네받은 것은 매매와 저당이 금지된 토지의 '경작권'이었다.

그들은 매매와 저당을 허용했다가 또다시 소작농으로 전락하는 것을 막기 위한 조치였다고 홍보했지만, 인민위원회의 뒤통수는 여기에서 그치지 않았다. 토지 개혁이 완료된 지 3개월 만인 6월 27일 인민위원회는 수확량의 25퍼센트를 현물세로 징수하겠다고 발표했다.

애국미와 각종 잡세까지 포함하면 농민들이 부담한 세율은 30퍼센트 이상이었다. 심한 경우 40퍼센트 이상까지 있었다. 농민들은 왜정 때 지주에게 바치던 소작료를 해방이 되어서도 나라에 현물세로 대상만 바꿔서 바쳐야 했다. 공산주의를 하겠다면서 '토지는 농민의 것'이라고 선동한 것은 그 자체가 기만이었다.

6·25전쟁 휴전 이후 김일성은 "빈농들의 생활 향상을 위해 협동농장을 조직하자"는 발표를 했다. 이른바 '농업 집단화'라는 명목 하에 그동안 감춰놓았던 마수를 드러냈다. 북한에서 농업 생산의 집단화, 즉 협동농장의 시작이었다.

int. 김무겸

"땅이 넓어서 말을 타고 나가면 잘 어디 계신지 잘 몰랐다." 이런 얘기를 여러 번 들은 적은 있어요.

Q. 집안 어른들한테요?

네.

Q. 그러니까 그 당시에 지주자였네요?

그랬겠죠. 그러니까 불로소득자로 이제 쫓겨난 거겠죠. 하여간 24시간 안에 나와야 되기 때문에. '아무것도 못 갖고 그냥 나왔다.' '결혼 사진도 다 두고 나오셨다.' 제 위에 형이 있었는데 우리 어머니가 젖이 안 나와 가지고 삼촌 품에 안겨서 그냥 못 먹어서 죽었다는 얘기도 들었습니다.

narr.

가족들이 북한에서 토지를 몰수 당한 김무겸 씨의 증언은 공산주의 체제에서 사유재산이 어떻게 국가에 강탈되었는지를 잘 이해할 수 있게 해준다. 농민들이 얻은 것은 토지의 경작권이었을 뿐, 토지 소유권은 보장되지 않았다. 토지는 '당의 것', '국가의 것'이어야만 했다.

애국미 등의 명목으로 수확량의 30-40% 현물세 징수

협동농장, 농업집단화

전체 토지 당 소유로 몰수

int. 김영중 전 제주 경찰서장

조금 있으니까 모든 기업을 국유화하고 그리고 또 종교 탄압하고 그러니까 땅 뺏기고 집 뺏긴 사람들이 여기 살 수도 없으니까 많이 월남했지 않습니까. 제가 조사한 바에 의하면 83만 9천 명이 월남했더라고요. 그러니까 그 사람들이 전국에 가 가지고 북한에 지금 이렇다 이렇다 하는 것을 전파했잖아요.

int. 황성준 전 조선일보 모스크바 특파원

토지 개혁도 하죠. 군대도 만들죠. 세금도 걷죠. 아니, 이게 국가 정부지 이게 무슨 (임시) … 인민위원회는 행정부와 사법부와 입법부를 통합시켜서 권력을 잡는 거 거든요. 그러니까 이미 북한은 정부를 수립한 거예요 그러니까 이미 분단이 돼 있는 상태예요 이 현실을 무식하고 그냥 일반 대중한테 '우리는 한 핏줄이다. 민족끼리 하나가 되자' 이러고 외친 거죠. 사실 그런 냉엄한 태도가 아니었으면 지금 대한민국이 존재 안 했을 거고 대한민국이 존재 안 했으면 그냥 조선민주주의 인민공화국 속에서 살고 있는 거죠.

서울 중앙청 1946년 02월 14일

1945년 해방 직후 미군정 사령관 하지와 미국에서 귀국한 이승만 박사

미군정 좌우합작, 미소공위

narr.

소련이 북한에 소비에트 정권을 세우는 작업을 계획대로 신속하게 진행한 것과 달리 한반도 남쪽에서 미군정은 구체적인 계획이나 전략을 갖고 있지 않았다. 친미 반공 정권을 세운다는 희망만 있을 뿐 구체적인 전략이 없었다.

미국은 2차 대전 승전국인 연합국 소련과의 갈등을 최소화시키려 노력했다. 미소공위를 중심으로 미국은 한반도 남쪽에서 좌우합작을 통한 민주정부를 세우는 것이 최선의 목표였다. 특히 미군정을 책임지는 사령관 하지에게 한국의 정치인들을 다루는 일은 가장 힘들고 고통스러운 작업이었다.

하지는 한 신생 국가의 창설을 맡았을 때 너무 암담해 본국에 해임을 요구했으나 받아들여지지 않았다. 그는 자신의 조국과 한국을 사랑했으나 군인의 길과 정치인의 길은 다를 수밖에 없었다.

하지는 "자신이 겪어 본 인종들 가운데 정치적 성향이 가장 심한 민족"인 한국인들을 다루는 일이야말로 일생에 겪었던 "최악의 직업"이라고 푸념했다.

그는 한국을 떠나면서 "내가 만약 군인이 아니라 민간인 신분이었다면 연봉 100만 달러를 준다 해도 그 자리를 맡지 않았을 것"이라고 당시의 심경을 토로했다.

이 기간이 미국에게도 굉장히 혼란스러웠다고 보여지는 사례가 하나 있는데요. 1946년 4월 시점에 미 군정청 장관 러취가 박헌영과의 면담에서 '체코슬로바키아가 지금 훌륭하게 국가를 수립했다', '미국식 자본주의도 소련식 공산주의도 아닌 그런 훌륭한 모범적인 국가가 탄생했으니', '박헌영을 비롯한 공산주의자들 당신들도 잘 한번 고려해 보길 바란다.' 이런 언급을 합니다. 이 시점에서 미국은 동유럽과 국제 정세에 대한 세부적 인식이 아주 세심하게 조율되지는 않는 모습이라는 것을 확인할 수 있습니다.

동유럽에서 벌어졌던 좌우합작의 본질

narr.

미국의 좌우합작을 통한 연립 정부 수립이라는 전략은 동유럽에서도 나타났다. 1945년 5월 체코슬로바키아가 나치로부터 해방된 이후 미국은 신생 정부 수립을 위해 소련과 협력했다. 한반도에서 진행했던 좌우합작과 동일한 전략이 적용되었다.

비슷한 시기 폴란드, 헝가리 등 동유럽 각국에서도 상황은 마찬가지였다. 좌우합작을 추진했던 곳에서는 어디서나 공산화가 이뤄진 것이다. 도대체 이유가 무엇이었을까?

그 이유를 알기 위해서는 헝가리 공산당 서기장 라코시 마차시가 주장했던 민족통일전선 전술, 일명 '살라미 썰기 전술'을 이해해야 한다. 마치 살라미를 얇게 썰듯이 공산화 과정을 대중들이 눈치채지 못하게 하는 기만적인 전술을 의미했다.

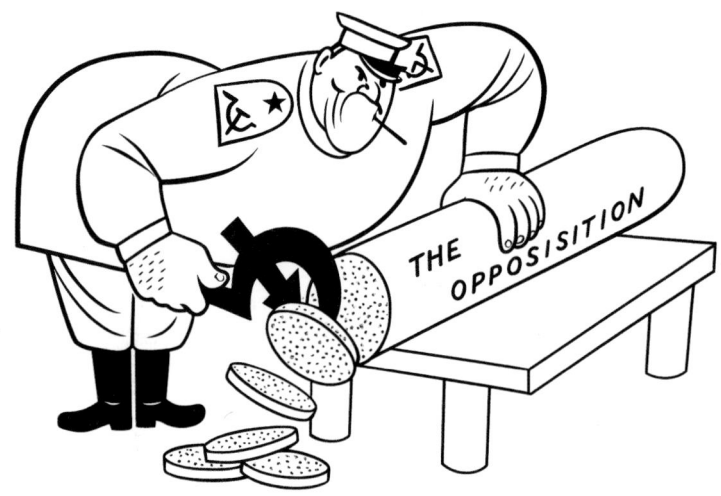

살라미 썰기 전술 | Salami Slicing Tactics

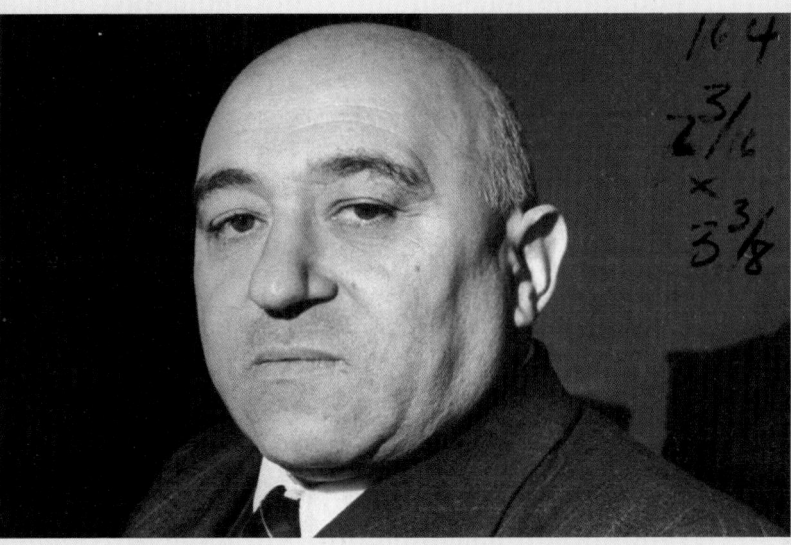

헝가리 공산당 서기장 라코시, '살라미 썰기 전술'의 창시자

살라미 썰기 전술 Salami Slicing Tactics

int. 양준석

"Salami Slicing Tactics." 그러니까 살라미 썰기 전술은 기본적으로 크고 강력한 적이 있을 때 직접적으로 1대 1로 승부를 보는 것이 아니라 큰 적을 부분적으로 여러 부분으로 쪼개서 상대하려는 것을 말을 합니다. 그래서 동유럽에서 살라미 썰기 전술은 공산주의자들이 이제 비공산주의자들 위주의 정부라든지 정부 부처를 상대하기 위해서 그들을 세분화해서 자신들과 이념적으로 가까운 조직이나 대중들은 회유하고 또 자유를 주장하는 어떤 강경한 집단이 있다면 그들을 겁박하거나 폭력을 동원하는 방식으로 부분에서부터 전체를 전복해 가는 과정을 살라미 썰기 전술이라고 말씀드릴 수 있습니다. 이 과정에서 주로 회유하는 방식들이 많이 택해졌고 그때 이제 가짜 민족이나 가짜 민주주의 이런 개념들을 활용해서 비공산주의자들에게 접근하고 회유했다. 이렇게 말씀드릴 수 있습니다.

스탈린의 '서둘지 않는 소비에트화'

스탈린 역시 동유럽에서 점진적 사회주의화를 명령했다. 동유럽, 한반도 남쪽 모두 좌우합작은 소비에트 공산화로 가는 과정이었다.

스탈린, 폴란드 공산당에 지령
'소비에트화를 절대 서둘지 마라!'

민족통일전선 전술
지그재그 우회, 점진적 공산화

대기만작전
Operation Grand Deceit

동유럽의 좌우합작 당시 등장했던 구호들은 남한의 민족 자주, 외세 배격, 민족 해방 구호와 일치.

모든 권력은 인민위원회로!

narr.

스탈린은 1946년 폴란드 공산당에 소비에트화를 '서둘지 마라'며, '의회와 다른 기관의 부르주아 민주주의 질서의 요소를 이용한 점진적 사회주의'를 명령했고, 동독 공산당에 사회주의의 길은 지그재그로 우회하는 길로서 기회주의적 정책에 만족하라고 지시했다.

오히려 프롤레타리아 독재를 신속히 진행하는 공산주의 지도자들에 대해 스탈린은 비난했다. 소련은 동유럽의 사회, 경제, 문화의 고유성을 인정했다. 따라서 동유럽의 저명한 사민주의자, 종교, 농민 지도자들은 정치 무대에 남았고, 동유럽에서 연립정부와 혼합경제를 기대했다.

공산당과 민족 전선 정부의 폭력적 방법을 동원하지 않고, '민족'과 '민주주의'로 위장된 개념을 통해 대중을 기만하여 권력을 장악하는 시도를 고벨은 '대기만작전(operation grand deceit)'이라고 명칭했다. 결국 폴란드, 루마니아, 불가리아, 헝가리, 유고슬라비아에서 진행된 연립정부는 차례로 독점적 공산주의 통제 정부로 바뀌었다. 1948년까지 모든 반대 세력은 청산되었고, 사회민주당은 공산당에 가입했으며, 조직과 이념을 모스크바 통제와 통합해야 했다. 협조하지 않는 비공산주의자에게 해고와 숙청이 진행됐다.

급속한 공산화가 가능했던 이유는 공산주의를 인류 보편의 '민족'과 '민주주의' 개념으로 위장한 기만 전술에 있다.

narr.

1946년 스탈린은 폴란드 공산당에 소비에트화를 절대 서둘지 말 것을 지시했다. 동유럽에서 벌어졌던 좌우 합작, 민족 통일 전선은 해방 직후 한반도에서 벌어졌던 상황과 닮은꼴이다.

민족 자주, 외세 배격과 같은 구호들이 대중들의 민족주의적 감정을 자극했다. 1945년 12월 17일, 이승만은 서울중앙방송에 출연하여 결국 나라를 공산화시키는 좌익들의 기만적인 전술이라는 것을 고발했다. 이승만은 공산주의 세력이 확장되는 것에 제동을 걸었다. 좌익 공산주의자들 입장에서는 새로운 돌파구가 필요했다. 그러는 가운데 뜻하지 않은 사건 하나가 남한 사회를 흔들어 놓았다. 바로 1946년 5월 조선공산당 조직원들이 저지른 정판사 위조 지폐 사건이었다.

1946년 5월 조선정판사 위조 지폐 사건

조선공산당이 매입한 근택빌딩(서울 서소문)
1층 조선정판사(인쇄소)
2층 조선공산당 본부
3층 해방일보(조선공산당 기관지 발행)

일제 시대 조선은행권을 인쇄하던 일본인 경영 '지카자와 인쇄소' 해방 직후 조선공산당이 20만 원에 매입

【一】第四百十九號　解放日報　一九四六年五月十七日（金曜日）

解放日主

主 暴風에 抗하야

反動輩의 政治的謀略과 暴行을 粉碎하자！

在滿蘇日完全撤退
共産軍滿洲의 九割을 占領

美蘇共同委員會에 對한
蘇聯側意見解發表

偽造紙幣事件에 對한 聲明
朝鮮共産黨中央委員會

「獨立戰取大會」의 罪狀을 論함 (三)
朴憲永

一九四六年五月十五日

해방일보

1946년 5월, 경찰은 조선 공산당 소속의 건물에서 은밀하게 위조 지폐가 제작되고 있었다는 수사 결과를 발표했다. 당시 조선 공산당이 매입한 건물 내부에는 공산당 기관지 『해방일보』와 조선 공산당 본부가 있었으며, 1층에는 조선 은행권을 제작했던 인쇄소가 자리 잡고 있었다. 수사 결과 총 1,200만 원가량의 위조 지폐가 제작된 것으로 밝혀졌다. 오늘날 시세로 2,500억 원이 넘는 막대한 자금이었다. 체포된 위조범 16명 전원이 조선 공산당 소속의 공산당원들이었다.

int. 황성준

가짜 돈 만들다가 잡힌 거예요. 그건 이념적인 게 아니라 그냥 쉽게 말해서 그냥 위조지폐범인 거예요. 공산당은 거기에 대해서 전혀 도덕적인 가책이 없는 거고 잡혀서 문제가 된 것뿐이에요. 동독이 서독에다 대고 비슷한 짓을 한다고 그래서 서독 마르크를 다시 만든 이유 중에 하나가 그거예요. 같이 독일 마르크 썼을 거 아니에요. 그 옛날에 히틀러 시절에 동독이 화폐 개혁한 다음에 남은 마르크 있잖아요. 그거 다 서독으로 가지고 옵니다. 그래서 공적자금 씁니다. 똑같아요.

narr.

조선 공산당은 불법 자금을 이용해서 극장과 지방의 언론사들을 집중 매입했다. 대중의 여론에 직접적인 영향을 줄 수 있는 영화와 신문사 같은 선전 수단들을 확보하는 데 가장 많은 자금을 사용한 것이다. 검찰과 경찰은 미군정 장교들을 입회시킨 가운데 위조 지폐를 인쇄하는 현장 검증을 실시했다. 그러는 가운데 수사망을 피해서 용의자, 해방일보 사장 권오직이 북으로 도주했다. 사건과 관련된 공산당 조직원들의 검거도 계속해서 이어졌다.

위조 지폐 발행 불법 자금을 이용
지방의 극장과 언론사 집중 매입
대중 선동 목적용

체포된 좌익 공산주의자들

정판사 사건 공판

검찰 위조 지폐 인쇄 시연 | 동아일보 1946년 09월 15일

조선정판사위조지폐사건 공판

정판사 사건 1차 공판 1946년 07월 29일 서울지방법원

서울지방법원 재판정에 시위 군중 난입

narr.

1946년 7월 29일 서울지방법원에서 정판사 사건 1차 공판이 열렸다. 당시 신문 보도에는 조선공산당 소속 조직원 수백 명이 법원 건물에 난입해서 적기가를 불렀다고 기록되어 있다.

'적기가'

시체가 식어 굳기 전에 혈조는 깃발을 물들인다
높이 들어라 붉은 깃발을
그 밑에서 굳게 맹세해
비겁한 자야 갈라면 가라
우리들은 붉은 기를 지키리라

서울지방법원 폭동 사태 1946년 07월 29일
서울지방법원 재판정에 시위 군중 난입
초유의 사태 발생

narr.

정판사 위조지폐 사건은 남한 사회에 큰 충격을 주었다. 이 사건을 계기로 남한에서 공산주의의 본질을 깨닫는 사람들이 생겨나기 시작했다. 1946년 8월 미군정은 남한에 거주하는 사람들을 대상으로 정치 의식에 대한 설문조사를 했다. 그 결과는 충격적이었다.

남로당 가입 당원 | 538,000명 (1946년)

1947년 미군정 설문조사

'당신이 가장 선호하는 신생 국가의 국호는?'

1위 조선인민공화국 70%
2위 대한민국 24%

'당신이 가장 선호하는 사회의 체제는?'
1위 사회주의, 공산주의 77%
2위 자본주의 14%

미군정 설문조사는 오늘날 우리에게 많은 것을 생각하게 하고 있다. 자유와 진정한 민주주의가 결코 쉽게 얻어진 것이 아니라는 사실을 깨닫게 한다. 치열한 공산주의와 대결 속에서 그렇게 신생 대한민국은 탄생을 준비하고 있었다.

이승만의 외로운 투쟁

서울시 성북구 돈암장 | 이승만 거처

사회 곳곳에 좌익이 득세하고 38선 이북에는 소련을 등에 업은공산주의 국가가 만들어지고 있는 상황 속에서 과연 이승만은 어떤 심정이었을까?

1946년은 이승만에게 미군정이 추진하고 있던 좌우합작 연립정부 구상이 실질적으로는 좌익과 공산주의에게 유리한 상황만을 제공하게 될 것이란 사실을 깨닫게 했다. 당시 남한은 물론이고 미국 조차도 공산주의의 본질을 제대로 인식하고 있는 사람들이 많지 않던 시절이었다. 이제 이승만에게는 새로운 정치 무대가 필요했다.

공산주의에 맞서 자유를 지켜내는 일. 그것은 가장 위험하면서도 숭고한 일이었다. 그리고 대한민국의 미래를 향한 새로운 도전이기도 했다.

대한민국 현대사는 그야말로 세계사적 기적을 갖다가 이뤘는데 그 기적을 이룬 인물들을 지폐나 그 사람의 어떤 이름을 딴 길 이름 등으로 기리는 사람이 없거든요. 지금 여기가 남영동이지 않습니까? 딱 두 정거장 가면 서울역이거든요. 버스 안내 방송에는 뭐가 나오느냐 하면 "서울역입니다." 그 다음에 "강우규 의거터입니다." 이렇게 나옵니다. 그 다음에 남대문 시장이 나와요.

강우규의 수류탄

그러면 "남대문 시장입니다", "이회영 활동터입니다." 이렇게 나옵니다. 그 다음에 저기 돈암동 어디로 가면 "조소앙 활동터"라는 이런 메시지가 나오거든요. 저 남대문 시장이나 저기 서울역이나 서울 곳곳에 건국과 산업화의 영웅들 그리고 그 영웅적인 이벤트들이 얼마나 많았겠어요?

그 이벤트와 관련된 인물들이 얼마나 많겠습니까? 그런데 그것을 갖다가 전혀 기리지 않거든요. 우리는 지금 이러고 있는 겁니다. 그런데 그 지침을 갖다가 수정을 안 해요. 왜? 역사 전쟁에 대한 두려움이 있습니다. 또 그것이 역사 전쟁 벌이면 왠지 극우적인 정체성을 가지는 것 같고 왠지 중도로부터 이렇게 멀어지는 것 같고 이런 굉장히 어떤 허구적인 관념들이 이렇게 지배를 하고 있거든요.

김대호 소장과 함께

가장 대표적인 게, 이제 그 『해방 전후사의 인식』이라는 텍스트가 보여주는 것 중 잘 알려진 건 대한민국은 태어나지 말았어야 할 나라라든지 친일파가 세운 나라, 이게 이제 좌파가 대한민국을 보는 가장 기본적인 관점이거든요. 그런데 한번 생각해 보자고요. 대한민국이 태어나지 말았어야 할 나라라든가, 친일파가 세운 나라라고 하는 그 언명은 좌파가 대한민국을 보는 어떤 기준이 뭐냐를 드러내는 거거든요. 대한민국을 보는 여러 관점이 있을 수 있는데, 왜 '태어나야 된다'나 '아니다'라는 게 기준일까?

저는 좌파가 대한민국을 보는 관점은 좀 적나라하게 말하면 대한민국은 업둥이라는 거죠. 우리 씨가 아니라는 겁니다. 근대 정치학의 관점에서 국가를 보지 않아요. 국가를 보는 관점이 너 씨가 뭐냐? 너 누구의 씨냐? 우리의 씨냐? 남의 씨냐? 이런 세계관을 우리가 뭐라고 하죠? 전근대적인 세계관입니다.

우리민족끼리

narr.

아직도 대한민국 건국의 역사를 부끄러운 과거로 인식하는 사람들이 적지 않다. 그들에게 대한민국은 시작부터 잘못된 나라였다. 하지만 그것은 사실이 아니었다. 대한민국 건국의 역사가 이것을 증명하고 있다. 거짓과 진실이 섞여 있는 세상 속에서 이제 우리 역사의 진실을 향해 눈을 돌릴 때가 됐다.

박헌영의 '신전술'

narr.

1946년 7월 초, 은밀히 소련을 방문하고 돌아온 박헌영은 '신전술'이라는 새로운 투쟁 방침을 발표했다. 이것은 미군정에 맞서는 조선공산당의 적극적인 투쟁과 저항을 의미했다.

그 출발은 조선공산당 산하의 노동자 조직인 전평 소속 철도노동자들의 9월 총파업에서 시작됐다. 투쟁의 강도는 계속해서 높아졌다. 이 시기 남한 좌익 진영 속에서 박헌영에 대한 인기는 절정이었다. 박헌영은 38선 북쪽의 김일성과 공산주의 권력을 놓고 대결하고 있었다. 사회는 다시 극도의 혼란 속으로 빠져들었다.

남조선 철도노조 9월 총파업 | 1946년 09월 24일

대구 쌀배급 폭동 | 1946년 10월 1일

철도, 통신노조 파업

전국 교통 통신망 마비

narr.

1946년 10월 1일, 쌀 부족 현상을 빌미로 좌익들은 대구에서 폭동을 일켰다. 폭동은 삽시간에 영남권 전역으로 확대됐다. 단순한 파업이 아니라 경찰서를 습격해서 무기를 탈취하고 시위를 진압하는 경찰들과 총격전이 벌어졌다.

좌익들에 의해 철도와 통신 시설이 파괴되었고 형무소가 습격당했다. 남한 사회에서 그동안 본적 없는 본격적인 무장 투쟁이 시작된 것이다.

이승만 1946년 12월 미국행

narr.

남한 사회가 극도로 혼란에 빠졌던 1946년 12월 돌연 이승만은 미국으로 향했다. 이승만에게는 새로운 돌파구가 필요했다. 점점 거세지는 좌익들의 투쟁을 막기 위해서는 미군정의 책임자들이 좌우합작에 대한 환상에서 벗어나야 한다고 믿었다. 이것을 위해서는 먼저 미 행정부가 공산주의의 본질을 깨달아야만 했다. 자유와 민주주의의 나라 미국은 그의 뜻을 펼칠 수 있는 중요한 무대였다.

이승만은 미국 유학 당시 뜻을 함께 나눴던 대학 동문을 찾아나섰다. 그들의 도움을 통해서 트루먼 행정부의 고위 관리들과 접촉했다. 특히 미국의 대표적 반공주의자였던 마샬 국무장관의 취임은 커다란 행운이었다. 이승만은 미 행정부 내의 공산주의자들에 대한 비판의 목소리를 높이기 시작했다.

"미 국무성 내 일부 공산주의자들이 한국의 독립을 방해하고 있다. …. 마샬 국무장관 취임으로 좌경 분자들은 일소될 것이다."

1947년 5월, 서울의 이승만과 프란체스카

1947년 1월 25일 이승만 담화

int. 황성준

국제 정세를 정확하게 꿰뚫어 보는 사람인 거예요. 영어도 잘하고 그러니까 이제 여러 가지 자료를 볼 수 있었고요. 그 당시에 국제 정세의 흐름을 누구보다도 알았고요. 오히려 미국 국무성보다도 더 정확하게 꿰뚫어 본 거예요. 현실적인 게 있는데 현실에서 이미 북한은 국가를 만든 거예요. 무장 세력도 만들고 있고 그런데 여기서 계속 그냥 통일 논의만 하고 있다?

이 서구 문명에 대한 철학적 이해 그리고 국제 정세에 대한 해박한 지식과 올바른 판단력 그리고 세 번째 현실에 대한 뛰어난 감각 이 세 가지가 만들어낸 거고요. 바로 이러한 속에서 그 공산주의의 본질, 단순히 이념적인 본질이라 공산주의자들이 추구하는 전략·전술의 본질을 꿰뚫어 봤다.

공산주의 확산

narr.

미국 루스벨트 행정부의 공산주의에 대한 유화 정책으로전 세계에서 공산주의의 확산이 가속화됐다. 특히 식민지에서 해방된 나라들의 경우에는 민족 해방 전쟁이 곧 공산화 과정으로 이어지는 경우가 많았다. 영국 수상 처칠은 이런 공산화 과정이 새로운 냉전 체제로 이어질 것이라고 경고했다. 그는 공산주의 세력이 강화되는 현실을 일컬어 '철의 장막'이라고 이름 붙였다.

1947년 3월 12일, 미국 트루먼 대통령은 터키와 그리스에 대한 지원을 포함하는 법안을 의회에 요청했다. 이른바 '트루먼 독트린'이라고 불리는 냉전 체제가 본격적으로 막을 올린 것이다.

이승만 귀국

narr.

1947년 4월 21일, 이승만이 미국 일정을 마치고 귀국했다. 그날 공항에는 김구를 비롯한 수많은 인파가 몰려 그의 귀국을 환영했다. 미·소 공동 위원회가 결렬되고 한반도 문제가 유엔으로 이관되는 정치 상황 속에서 그의 귀국은 국내외에 많은 관심을 불러일으켰다. 이승만은 지금까지 미국 국무성의 공산주의 유화 정책이 실패했음을 선언했다. 이것은 미국의 한반도 남쪽에서 공산주의 대응 전략이 변화하고 있음을 예고한 것이다.

유엔 한국 5·10선거 결정

narr.

1947년 11월 14일 유엔 감시 하에 한반도 남과 북에서 총선거를 실시한다는 계획이 유엔 총회 본회의에서 결정됐다. 이로써 모스크바 협정에서 규정한 신탁통치안은 휴짓조각이 됐다.

유엔의 결의에 따라 한국의 총선거를 감시할 유엔 임시 위원단이 한국에 파견되었다. 유엔 한국 임시 위원단은 공정한 선거와 민주적인 정부 수립을 목표로 본격적인 활동을 시작했다. 25만 명으로 추산되는 환영 인파가 태극기를 흔들며 그들의 입국을 환영했다.

모두가 선거를 통해 정부가 구성될 것이라는 기대에 부풀었다. 하지만 소련의 지배 아래 놓여 있던 북한은 입장이 달랐다. 북한은 1948년 1월 24일 유엔 임시 위원단의 입국을 거부했다. 민주적인 선거를 통해서는 자신들의 공산주의 체제를 유지하기 어렵다고 판단했다. 결국 선거가 가능한 남한만의 총선거가 5월 10일로 결정되었다.

북한 유엔 임시 위원단 입북 거부 | 1948년 01월 24일

int. 마이클 브린 저널리스트

한국인들은 한 세대 동안 굴욕을 당했습니다. 2차 세계대전이 끝나고 식민지 지배에서 해방되었을 때 주변을 둘러보면서 다른 나라들이 상당히 발전하고 정교하다는 것을 알게 되었습니다. 그리고 이렇게 생각했습니다.

우리는 왜 이렇게 가난하고 뒤떨어져 있을까?

그래서 사람들은 다시는 학대받지 않기를 바라는 일종의 내적 열망을 서로 공유했습니다. 그것이 일종의 연료와 같은 것이었습니다. 이제 누군가 그 연료에 불을 붙여야 했습니다.

int. 브라이언 마이어스

남한의 상황은 정말 독특합니다. 남한 공화국이 공격을 받으며 태어났으니까요. 마치 누군가가 아기를 때리는 것과 같습니다. 정말 독특한 상황이죠. 1940년대 후반, 남한처럼 탄생된 나라는 없습니다. 동시에 당시 남한이 공격을 받았다는 것이 반드시 남한의 잘못만은 아니라는 점을 이해해야 합니다. 너무나 많은 외부 세력이 개입되어 있었습니다. 이승만이 한반도 통일을 위한 모든 선거 가능성을 배제시킨 채 남한만의 정부를 추진한 것이 잘못이었다고 주장할 수도 있습니다. 하지만 중요한 것은 소련이 1948년 남한이 대한민국을 건국하기 훨씬 전부터 북한을 독립 국가로 만들고 있었다는 것입니다.

북한 인공기 펄럭이고

북한 조선임시 헌법 초안' 발표 1948년 02월 10일

narr.

1948년 2월 10일, 소련 헌법을 모방하고 인민민주주의 국가 건설을 목표로 하는 북한 헌법 초안이 발표됐다. 그날 북한 곳곳에는 소련군 스티코프의 지령에 따라 디자인된 붉은 공화국을 상징하는 인공기가 펄럭이기 시작했다.

북한 조선인민군 창건 1948년 02월 8일

narr.

동시에 조선인민군이 창건되면서 북한은 공산주의 체제에 기초한 독자적 정부 구성을 완료했다. 유엔이 정한 5·10선거 이전에 북한은 이미 분단의 길로 들어선 것이다.

남조선로동당(남로당)의 1948 5.10 선거 방해 활동

선거사무소 피습	131	주택 파괴	153	경찰관 및 경찰 가족 사망,부상	200
선거 관리 관공서 피습	300	도로,교량 파괴	48	우익 인사 사망,부상	58
선거 공무원 사망,부상	76	전화선 절단	541	선거 반대 파업	44
선거 입후보자 사망 2 부상 4		전신주 파괴	543	선거 반대 데모	241
선거 종사 공무원 위협	73	선거 문서 도난	116	남로당 봉화불 신호	877
선거 입후보자 위협	24	선거 시설 파괴,방화	81		
		카빈 소총 등 무기 도난	120		
		탄약 도난	1619		
		기관차,선로 파괴	148		

출처 "Report of the Military governor", op.cit., Inclosure No.42B, Table of Anti-Election Activities.(1948.2.7~1948.5.14)

narr.

1948년 2월 7일, 소위 '2·7투쟁'이라고 불리는 남로당의 무장 투쟁이 시작됐다. '2·7투쟁'은 남한의 단독선거를 반대하기 위한 투쟁이었다. 남로당의 무장 투쟁으로 1948년 2월부터 총선거가 진행되었던 5월 10일까지 13,000명의 사망자와 4만 채의 주택이 파괴되는 피해가 발생했다. 수백여 곳의 선거 사무소가 습격되거나 불태워졌고 심지어 선거 관리를 맡았던 공무원들이 살해되는 일도 있었다. 그리고 1948년 4월 3일 남로당 인민유격대는 제주도를 접수했다. 그렇게 제주4·3의 비극이 시작된 것이다.

1948년 제주4·3

int. 김영중

4월 3일 새벽 2시, 한라산 정상 그리고 마을 인근에 있는 오름 꼭대기에 봉화를 신호로 해서 제주도 내 24개 경찰 지서 중 12개 지서를 습격했다. 그 과정에서 당일 경찰관 10명과 민간인 선거 관리 위원, 우익 인사 등 17명, 합계 27명을 살해하면서 4·3이 발생한 것이거든요.

대한민국 건국 저지이고 공산 통일을 위한 폭동 반란이고 다만 거기에 부차적으로 도민들이 다수 희생된 사건이다. 이렇게 정리를 해볼 수가 있겠습니다.

제주4·3사건 진상보고서 2003년 03월 29일

제주4·3사건 피해자 14,822명

narr.

2003년 발표된 제주4·3사건 진상보고서는 제주4·3사건으로 민간인 14,822명이 희생되었음을 기록하고 있다. 도대체 왜 이렇게 많은 피해자 발생한 것이었을까? 제주4·3사건의 정확한 원인을 이해하기 위해서 제작진은 제주4·3사건의 첫 번째가 단서였던 1998년 김대중 대통령의 CNN 인터뷰 자료를 어렵게 확보했다.

"제주4·3은 공산주의자들의 폭동에 의해서 시작됐다"

CNN 기자회견

한라일보   종 합   1998년 11월24일 화요일

'4·3' 공산당 폭동으로 발생
양심희생자 누명 벗겨줘야

김대중 대통령 CNN회견

김대중대통령은 '23일 '클린턴 미국대통령과의 정상회담을 통해 대북 햇볕진책에 대해서만 아니라 지키신설 핵의 효도 점검해야 한다는 강력한 메시지를 북한에 보내 다'고 말했다.

김대중대통령은 이날 밤 전세계에 생중계된 미국 CNN방송의 '문답 아시아' 프로그램에 출연, 이같이 밝히고 주한미군문제에 대해 "주한미군은 남북간 전쟁 억제 목적 뿐아니라 동북아 안정을 위해서도 매우 중요한 역할을 하고 미국의 국익에도 중요하므로 가까운 시일 내에 떠나지 않으리라 생각한다"고 답변했다.

또 김대중대통령은 동서독 통일의 한반도 통일 모델이나 흡수통일에 대해 "거게 달려들 9백분은 연학이 너무 비싸게 평가돼 연기 하지만 서독처럼 흡수통일은 생각

◇ 김대중대통령이 23일 밤 청와대에서 미국 24시간 뉴스방송인 CNN과 생중 계 인터뷰를 하고 있다.

하지 않고 있다"고 밝혔다.

김대중대통령은 원화·환율·문제에 대해 "거게 달려든 9백분은 연학이 너무 비싸게 평가돼 먼가 이기

때문에 1천2백~1천3백원이 적정 선이라고 생각한다"고 밝혔다.

김대중대통령은 제주 4·3사건에 대해서 "공산당의 폭동으로 일어 났지만 억울하게 죽은 사람들의

누명을 벗겨줘야 한다."고 말했는데 이름

1. 제주 4·3사건의 진상은 대한민국 건국을 저지하기 위하여 폭동을 일으킨 양민학살과 방화, 약탈 온갖 만행을 저지른 공산폭도들의 정체부터 밝혀져야 한다.

2. 제주도와 제주도의회는 4·3특별법이 제정되고 4·3의 진상이 규명된 후에 조례를 제정하라.
대한민국 헌법 117조와 지방자치법 15조는 「지방자치단체는 법령의 범위 안에서 그 사무에 관하여 조례를 제정할 수 있다」고 규정하고 있다.

3. 국회는 4·3특별법을 제정할 경우 4·3의 억울한 피해자들에 대하여 개별적인 배상을 하도록 하라.
공동책적 보상은 개인이 받을 배상을 못 받게 하는 개인의 기본권 침해가 되므로 국회는 기본권을 침해하지 않도록 하라.

4. 국가를 위하여 죽은 사람은 충혼묘지가 있고, 공원에 추모비를 하고 있으나 공원은 없으데 4·3에 억울하게 죽었다는 이유만으로 4·3공원을 조성하겠다는 것은 온당치 않으므로 국가를 위하여 죽은 사람들을 위한 공원을 조성한 후에 4·3공원 조성을 고려하라.

대 한 민 국 건국회 제주도지부장	金 仁 煥	姜 豪
제 주 도 해병전우회 회 장	金 文 培	右
한국자유총연맹제주도지회장	張 永 宗	浩
제 주 도 재향군 인회 회 장	文 宗 八	鍋
제 주 도 경우회 회 장	李 東 順	慈
대한민국전몰군경유가족회제주도지부장	趙 韓 信	兒
대한민국전몰군경미망인회제주도지부장	左	
대한민국국무공수훈자회제주도지부장		

한라일보, 제주4·3은 공산주의자들의 폭동

김대중 CNN 기자회견

앵커

우진킴 씨가 대통령 님께 드리는 질문입니다. 미국과 한국 정부는 1948년 4월 3일 제주에서 일어난 학살 사건에 관한 자료를 공개할 계획인가요?

Mr. President, Question from Woojin Kim says, Will the US and the Korean government release its archives on the April 3rd 1948 Cheju massacre?

김대중 대통령

그 문제에 대해서는 제주 사건에 대한 문제가 지금 국회에 청원되어 있습니다. 정부로서는 과거의 억울한 문제에 대해서는 진실을 밝힐 필요가 있습니다. **원래 시작은 공산주의자들이 폭동을 일으킨 것**이지만 많은 무고한 사람들이 공산주의자로 몰려서 억울하게 목숨을 잃었습니다. 이 문제는 세월이 많이 지났지만, 그들의 명예를 회복시키고 해서 유가족들을 위로해 주어야 합니다.

int. 장승홍 전 조선일보 기자

1998년 11월 23일 날 김대중 대통령이 미국 CNN 방송 인터뷰에서 제주4·3의 성격을 '공산당의 폭동으로 일어났지만 억울하게 죽은 사람들이 많다'라는 인터뷰를 밝혔거든요.

Q. 이게 왜 중요한가요?

이것은 대단히 중요하고 공산 폭동을 부인하지 못할 텐데 … 김
대중 대통령마저도 (제주)4·3 성격은 공산당의 폭동으로 규정을
했단 말이에요.

제주 4·3사건진상 규명 및 희생자
명예회복에 관한 특별법 2000년 01월 12일

narr.

2000년 1월 12일, 김대중 대통령은 「제주4·3사건 진상 규명 및
희생자 명예회복에 관한 특별법」을 제정했다. 곧이어 제주4·3사
건에 관한 진상보고서를 작성하는 작업이 이어졌다. 제주4·3사건
의 원인과 경과에 대한 실체적인 접근이 본격적으로 시작됐다. 조
사기획단장으로 박원순이 선정됐다. 전문가들 사이에서 반대의 목
소리가 많았다. 객관적 사실보다 정치적 입김이 작용할 소지가 많
았기 때문이다. 그리고 그런 우려는 현실이 되었다.

박원순 제주4·3진상조사기획단 단장

보고서 작성 기획단장이 박원순인데 이 사람은 내용을 제대로 읽어보지 않고 와서 이렇게 쭉 서로 양쪽이 얘기하면 제주도에 관련된 사람 얼굴만 쳐다보고 그냥 그냥 제주도 편만 들었죠. 국방부 편은 안 들었습니다. 제주도의 입장만 강조하더라고요. 그래서 저희가 한번 강하게 어필을 하니까, 이렇게 답을 한 적이 있어요.

'사람을 그렇게 피해를 많이 주고 그렇게 떳떳하게 얘기하느냐!'

박원순이 그렇게 한 적이 있었습니다.

int. 김영중

보고서에서 가장 잘못된 게 고건 총리 당시거든요. 가장 중요한 것이 4·3의 의의와 성격인데 (고건 총리가) 4·3에 대한 성격을 후세 사가의 몫으로 넘긴다 했거든요. 대한민국 국민으로서 그 시각에서 정부 보고서를 작성해야 되는데 그렇게 안 됐습니다. 그래서 남로당이나 김달삼에 대한 역사적 평가가 생략됐죠.

"사실은 사실대로 분명히 밝히고
억울한 누명과 맺힌 한을 풀어주고
다시는 이런 일이 재발하지 않도록 다짐하자."

2007년 노무현 대통령
4.3 사건 공식 사과

"국가 권력이 가한 폭력의 진상을 제대로 밝혀
희생된 분들의 억울함을 풀고 명예를 회복하도록 하겠다."

2018년 문재인 대통령 제주4.3 추도사 중

미국 메릴랜드

미국 국립문서기록관리청 National Archives and Records Administration

narr.

제주4·3사건의 정확한 원인과 실체를 확인하기 위해서 제작진은 미국 메릴랜드에 위치한 미국 국립문서기록관리청으로 향했다. 사건이 발생한 시점이 대한민국 정부 수립 이전이기 때문에 사실관계를 명확히 입증해 줄 1차 자료 역시 사건을 담당했던 미군정 당국이 가장 많이 보관하고 있었다. 그곳에서 우리는 제주4·3에 관한 북한측 기록문서들을 발견했다. 6·25 한국전쟁 당시 북한을 점령했던 미군이 노획한 자료들이었다. 북한 문서에 기록된 제주4·3에 관한 증언들은 충격적이었다. 놀랍게도 북한 자료들은 1948년 남한에서 진행되었던 5·10선거에 초점을 맞추고 있었다. 그들은 선거를 무력화시키는 것이 민족을 위한 길이라 강조하고 있었다.

'미군의 전시 적군 노획문서'

『남반부 청년들의 영용한 투쟁 모습』

북조선민주청년동맹중앙위원회출판사(1950년)

『해방 후 4년간의 남반부 인민들의 구국투쟁』

북조선 문화선전성 (1949년)

사건이 발생한 시점이 대한민국
정부 수립 이전이었기 때문에,

사건을 담당했던 미군정 당국이
가장 많이 보관하고 있었다

미국 국립문서기록관리청에서

"항쟁의 섬 제주도는 5·10선거를 파탄시키는
영웅적인 민족적 과업을 수행했다"

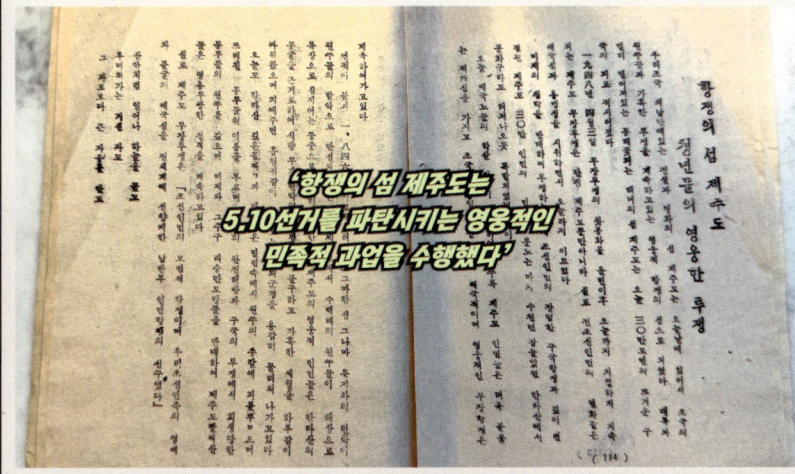

'항쟁의 섬 제주도는 5.10선거를 파탄시키는 영웅적인 민족적 과업을 수행했다'

5·10 선거 당일

1948년 05월 10일
선거 당일 서울

int. 나종삼 제주4·3진상조사위원회 기획단 전문위원

남로당의 근본 목적은 5월 10일 선거 저지 내지 파탄 아닙니까?
그러기 위해서는 5월 10일 그 선거 방해를 여러 측면에서 했죠.
투표함 파괴도 하고 투표 용지 탈취도 하고 여러 가지를 했는
데 그 근본적인 것은 5·10 선거 저지입니다. 사회를 혼란하게 만
들어서 유엔으로 하여금 아예 선거 날짜를 못 잡도록 하기 위한
근본적인 목적이 거기에 있었습니다. 그런데 이제 그 2·7 폭동이
경찰의 진압에 의해서 무위로 돌아가고 선거가 이제 시행이 됐지
않습니까? 그래도 어떻게 선거를 방해할까 하고 여기저기서 방
해를 한 거죠.

int. 브라이언 마이어스

만약 한국인들이 지난 수백 년 간 전 세계적으로 일어났던 총파업과 좌익 봉기의 역사를 알고 있다면 그러한 시위에서 경찰이나 군 당국을 자극하여 과잉 대응하게 만들고 어쩌면 누군가를 죽이도록 하는 것이 매우 흔한 전술이라는 것을 이해했을 것입니다. 왜냐하면 시위 참가자 특히 어린이나 여성이 사망하면 그것을 이용하여 많은 사람을 동원할 수 있기 때문입니다.

5·10 선거 당일 검거된 무장 폭도들

5·10 선거 방해 투쟁을 하다 체포된 남로당 무장 폭도들

narr.

미군정이 확보했던 1948년 자료들 중에는 남한 사회 곳곳에서 선거를 방해하기 위해 남로당이 벌였던 무장 폭동의 실상이 구체적으로 간직되어 있었다. 심지어 수류탄을 선거사무소에 던졌다는 수사 기록도 존재했다. 이것은 제주 인민유격대 사령관 김달삼이 1948년 8월 북으로 월북한 뒤 해주 인민대회장에서 보고했던 '인민유격대 투쟁보고서'의 내용과도 정확히 일치했다.

당시 촬영된 미군정 기록 필름들은 남로당의 5·10선거 방해 투쟁이 단순한 항의 시위 정도에 그치지 않았다는 사실을 명확히 보여주고 있었다.

폭도들이 소지하고 있던 사제 수류탄

남로당 폭도들이 소지하고 있던 살상용 칼과 도끼

인명 살상용 표창

폭도들이 소지하고 있던 사제 수류탄

5·10 선거 방해 투쟁을 하다 체포된 남로당 무장 폭도들

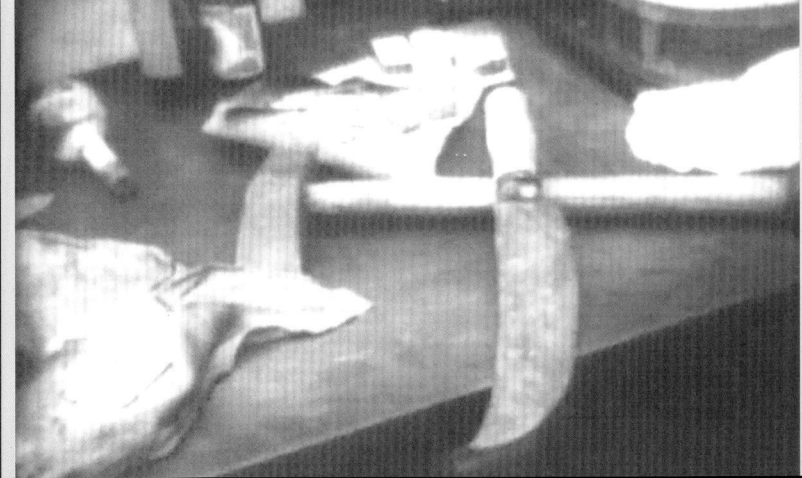

1948년 4월 제주

narr.

도대체 1948년 4월 제주에서는 어떤 일들이 있었던 것일까? 남로당에서 제작해서 제주 곳곳에 살포됐던 인민유격대 삐라에 적혀 있던 구호들은 당시 그들의 투쟁 목표가 무엇이었는지를 이해할 수 있게 해주고 있다. 삐라에 적힌 내용을 직접 목격했던 한 제주도민의 증언에 따르면 삐라들 중에는 김일성 만세를 외치는 구호들도 적혀 있었다고 했다. 1948년 4월 3일 당일에만 경찰관과 선거 관리를 맡았던 공무원을 포함, 27명이 폭도들의 공격을 받고 사망했다.

남로당 인민유격대 삐라

싸우면 이긴다!
인민의 나라, 인민공화국 수립하자
통일에 힘쓰자!

제주4·3사건의 진짜 피해자들

narr.

제작진은 제주4·3사건 당시 인민유격대 폭도들에게 가족들이 희생을 당한 것으로 알려진 한 제주도민의 집을 찾았다. 열일곱 살 어린 나이에 그가 직접 경험했던 이야기들이었다.

int. **김태협** 제주4·3사건 유족전 제주도 교육감

그러니까 그때 이제 저희 부친은 해방되면서부터도 이제 국가가 건립되어야 된다. 그게 이제 이승만 박사의 지론이고 거기에 이제 저희들이 동조하고 아버님이 그러니까 그 표적이 된 거죠. 선거 관리도 맡고 그렇게 된 겁니다.

Q. 인민유격대의 표적이 될 수밖에 없었겠죠?

그렇죠. 그러니까 그때부터 일어난 일이에요.

남로당에 의해 숨진 선거관리위원들

narr.

현재 제주4·3 진상보고서 본문에는 1948년 제주4·3 사건이 남북이 분단되는 것을 막기 위해서 일어난 의로운 민중항쟁이라고 기록되어 있다. 그런데 남북 분단을 막기 위한 항쟁이라면서 왜 그렇게 많은 선거관리위원들이 인민유격대에 의해서 살해됐는지에 대해서는 침묵하고 있다. 도대체 선거관리위원을 살해하는 것과 의로운 민중항쟁은 무슨 관련성이 있다는 것인가?

제주시 한원리

narr.

제주시 한원리에서는 인민유격대가 마을을 공격했다는 증언도 나왔다. 그리고 그들의 공격을 막기 위해서 주민들이 자발적으로 마을 주변에 돌을 쌓아서 성담을 만들었다. 이렇게 성담을 쌓았던 흔적은 현재도 제주도 곳곳에서 발견되고 있다. 한원리의 경우 성담의 길이는 무려 2킬로미터가 넘을 정도로 길고 견고하게 만들어져 있었다.

한원리 폭도들의 습격

int. 강진석 제주시 한원리 주민

Q. 왜 성을 쌓은 거예요?

폭도들이 이제 습격을 해가지고 양민을 죽인 거죠. 그래서 그것을 막기 위해서 불안하니까 …. 막기 위해서 이제 성담을 두르고 이제 그런 거죠.

Q. 그럼 도대체 왜 폭도들이 민가를 불을 지르고 공격했나요?

아마 그 이유는 자기네 식량을 확보하려고 한다든가 하는 그런 목적으로 들어왔을 겁니다.

int. 이광후 제주4·3정립연구유족회

폭도들은 내려와서 쌀 식량 구하러 내려왔다가 (마을에) 불을 질러 버렸단 말입니다. 그리고 '불이야!' 해서 마을 사람들 나오게 해서 죽창으로 찔러 죽이고 그렇게 해서 무자비하게 사람들을 죽였다는 자체도 그렇고.

narr.

하지만 제주도민들이 인민유격대의 공격을 막기란 사실상 불가능했다. 이 과정에서 많은 사상자가 발생했다.

int. **김태협** 제주4·3사건 유족전 제주도 교육감

그때는 철창으로 좀 그놈들은 이제 무장이 강화된 때예요. 죽창보다는 철창이 더 날카롭잖아요.

Q. 그러면 같은 시간에 그러면 어머님은 어디 계셨던거예요?

어머님은 이제 끌려가서 대문 앞에서 목을 칼로 치고 여러 군데 이제 해서 돌아가셨대. 어머님하고 아버님이 같이 계시다가 일어난 일이니까.

Q. 그러니까 아버지는 도망가고 …

그럼요. 남은 놈들은 어머니를 끌고 가서 대문 앞에서 참살한 거죠.

Q. 무참히 살해했네요.

네.

Q. 그리고 또 가족들도 또 변을 당하셨다고 하던데?

저희 6촌 사이에서만 이제 13명이 돌아가시고 3명이 이제 부상을 입었죠. 할머니 한 분은 나이가 많이 있으니까 창을 딱 맞으니까 그냥 죽은 것 같이 돼버린 것이고. 두 살 난 아이는 어머니하고 같이 누워 있는데 설마 이제 여자까지 죽이겠느냐? 이런 생각에서 그냥 누워 있었대요. 어머니는 임신 중이었는데 그 옆에 두 살 난 어린아이 계집애를 데리고 있었는데 와서 어머니 찌르고 그 아이까지 찔렀어요. 그런데 그 어린아이니까 한 번 찌르면 죽겠지 해서 그냥 간 거죠.

그러니까 그 어머니는 그 자리에서 죽고 그 아이는 그때 부상 당한 것으로 해서 살았죠. 그러니까 아버지까지 3명은 부상을 당한 거고 나머지 13명은 각 집에서 그놈들한테 … 심지어 이제 시집 가 가지고 그날 친정에 왔던 우리 누나까지, 저 누나뻘인데 그런 분들까지도 죽였어요. 그러니까 걔들은 무자비하고 인간이 아니에요.

narr.

지금도 김태협의 마음속엔 모든 일들이 어제 일처럼 선명하게 기억되어 있다. 그에겐 영원히 잊지 못할 기억일 것이다.

김태협 교육감 어머니 산소

int. 김태협

어머니 산소도 성 밖에 있으니까 폭도들이 나올 수도 있다는 그런 이제 염려를 한 거죠. 경찰서에서는 와서 이제 경찰서에 가니까 경찰서에서 쓰리쿼터 내주고 총도 줬어요.

Q. 총을 줬다고요?

예. 가다가 이제 폭도를 만나면 쏘라는 거죠. 그래서 경찰관 한 명하고 저하고 어머니 묘소에 갔죠. 아버지는 너무 출혈이 심해가지고 움직이지를 못했어요. 그래서 이제 저 혼자 어머니 묘소에 가서 제사를 올리고 그날 돌아왔죠.

Q. 그런데 이런 얘기는 정말 처음 듣는 얘기고요.

그리고 저는 너무 마음이 아픈 게 … 어머님 산소를 이제 가는 데 뵈러 가는데 처음 총을 들고 갔다라는 얘기는 그 당시 제주도에서 어떤 일이 있었는지를 그대로 말할 수 있는 것이 아닌가 그런 생각이 드네요.

수악주둔소

수악주둔소

인민유격대 공격을 방어하기 위해 만든 성담

narr.

공격을 목적으로 한 사람들은 성을 쌓지 않는다. 성을 쌓는 목적은 오직 하나다. 자신과 가족의 생명을 지키기 위해서 성을 쌓는다. 1948년 제주에서도 그랬다. 주민들은 인민유격대의 공격으로부터 살아남기 위해서 성을 쌓았다. 그동안 이 역사의 현장은 대한민국 언론이, 대한민국 역사학자들이 애써 무시했던 비극의 현장이었다. 하지만 제주4·3사건의 진실을 알기 위해서는 우리가 결코 잊지 말아야 할 역사의 현장이다.

int. 김영중

순찰도 돌았고. 순찰 돌면서 암호도 있었습니다. 순찰 도는 사람이 오면 누구야 하면은 암호 하면은 거기서 '콩' 하면 이쪽에서 '팥' 하면은 이거 그러면 순찰이다. 이러거든요. 제가 8살 때인데 순찰 도는 사람이 머리 쓰다듬으면서 '수고한다' 참 그때 생각하면 기가 막혀.

Q. 어린 나이에 하니까?

네. 어머니 대신 제가 (보초) 나갔죠.

5·10선거 당시 선거함을 지켰던 대한민국의 군인과 경찰들

제주도 경찰청

5·10선거를 지키기 위해서 선거사무소와 투표소를 방어하는 경찰과 군인들

투표함을 지킨 선거관리위원들

1948년 5월 제주도

narr.

1948년 제주에서 일어난 이 비극적인 사건을 기억하면서 우리에겐 잊지 말아야 할 것이 한 가지 더 남아 있다.

narr.

모두가 두려운 하루를 살았고 미래를 알 수 없던 시대, 과연 그들이 지키려 했던 나라는 어떤 나라였을까? 자유로운 대한민국을 먼저 꿈꿨던 그들 그리고 그들 속에 스물여덟 살 청년 박진경이 있었습니다.

int. **박철균** 박진경 대령 유족

육군 예비역 준장

박진경 대령은 지금 우리가 살고 있는 이 풍요롭고 자유로운 대한민국을 수립하기 위한 최초의 선거였던 1948년 5월 10일 선거를 방해하는 남로당 무장 폭력 세력의 진압하기 위해서 제주도에 내려가서 우연의 일치인지 모르지만 정확히 43일 동안 작전을 하시다가 조선경비대 내의 남로당 프락치에 의해 암살을 당하셨는데.

1948년 05월 06일 제주11연대 사령관으로 부임한 박진경 대령
당시 스물여덟 살의 꽃다운 나이였다

int. 나종삼 제주4·3진상조사위원회 기획단 전문위원

Q. 암살한 사람은 누구입니까?

암살범들은 군인들입니다. 박진경 대령 부하인데 주범이 문상길 중대장 중위입니다. 이제 중대장 밑에 하사관들이 8명이 동원이 됩니다. 이놈들이 이제 같이 죽였죠.

Q. 그럼 부대 안에서 살해 사건이 일어난 거네요?

그렇지요. 부대 안에서 부하들한테 죽은 거죠. 그러나 부하가 그냥 부하가 아니고 빨갱이들이죠.

int. 박홍균 박진경 대령 유족

상당히 성실하고 아주 근면하게 사셨던 분으로 알고 있는데 어느 날 갑자기 세상에 악마화 돼서 제일 나쁜 사람으로 표현이 돼 있더라고요.

int. 박철균

수많은 그 사실관계의 왜곡과 거짓으로 너무나 많은 명예를 훼손했기 때문에 많은 노력을 했었습니다. 언론중재위원회. 방송통신위원회. 그러나 그 어느 곳에서도 진실을 들으려고 하지 않았고 사실관계를 밝히려고 하지 않았습니다. 제가 할 수 있는 길은 역사 앞에 세월이 지난 후에도 진실을 남기는 것이었고.

박진경 대령에 대한 거짓과 왜곡

「암살 1948」

KBS 제주 2021년 04월 02일 방송

narr.

2021년 박진경 대령에 관한 다큐멘터리 하나가 공중파 방송을 통해 보도되었다.

int. 「암살 1948」 출연자

닥치는 대로 청년들을 잡아들였다. 고문을 하고 어린아이도 막 죽이고 연대장이 학살 명령을 내렸다. 그의 토벌 작전은 전방위적으로 펼쳐졌다.

int. 「암살 1948」 출연자

어떻게 보면 (그는) 강경 진압 작전의 선두로서 제주에 내려왔고 강경 진압 작전을 실행한 인물이었습니다.

박진경 대령은 학살자인가?

narr.

과연 정말 박진경 대령은 학살의 주범이었을까? 제작진은 제주 4·3사건 진상보고서의 내용을 토대로 박진경 대령의 행적을 추적했다.

사망자 시기별 분석표

(제주4·3 추가진상보고서, 2020년)

사망자 최대 발생 시기

1948년 10월 여순반란 사건 이후 (9,709명)

박진경 대령 부임 시기 1948년 05월 06일 (214명)

narr.

제주4·3사건에서 사망자가 가장 많이 발생한 시기는 여순 반란 사건이 발생했던 1948년 10월 중순 이후였다. 이 시기에 무려 9천7 백여 명의 사망자가 발생했다. 그러나 박진경 대령이 부임했던 5월 경, 사망자는 214명에 불과했다. 강경 진압 작전을 지휘했다고 하 기에는 사망자 숫자가 일치하지 않는다.

박진경 대령 사망 이후, 강경 진압이 실시된 1948년 10월 중순부터 1950 년 6·25 한국전쟁 전까지 총 12,377명 사망

전체 사망자 중 86%가 이 시기 발생

출처: 제주4·3평화재단

narr.

박진경 대령이 암살 당한 이후 1948년 10월 중순부터 1950년 6월 까지 집계된 사망자는 12,377명 전체 사망자의 86퍼센트가 박진 경 대령 사망 이후에 발생한 것으로 확인됐다.

선임 연대장 김익렬 '국제신문' 기고 (1948년 08월 06일)

"당시 국방경비대(군대)**의 방침은 사살보다 선무**(민심 안정)**에 주력을 두었다."**

narr.

선임 연대장 김익열의 증언도 있었다. 그는 당시 국방경비대 작전의 기본 방침이 사살보다 민심을 안정시키는 데 있었다고 증언했다. 박진경 대령이 제주4·3 강경 진압 작전의 주범이라고 불려지기 위해서는 보다 명확하고 구체적인 증거가 존재해야 했다. 하지만 지금까지 그것을 뒷받침할 만한 증거는 어디에도 존재하지 않았다.

'박진경 대령의 부임 기간 교전 중에 숨진 사망자 수는 25명이었다'

제민일보 「4·3은 말한다」

int. 나종삼

학살한 사실이 없습니다. 한 사람도 죽인 사람이 없어요. 사실이 없어요. 자기들이 사실이 있으면 근거를 댈 겁니다. 그런데 근거도 없이 그냥 말로만 학살자로 합니다. 왜 그러느냐? 박진경을 학살자로 나쁜 놈으로 몰아내야 미 군정이 나쁜 놈이 됩니다. 왜냐하면 미 군정 때 그 토벌했기 때문에. 그래서 미국을 지금 타켓트가 미국입니다. 지금 미국을 나쁜 놈으로 보고 너네가 잘못했으니까 사과하라. 지금 사과를 요구하고 있는 상황입니다. 제주도 사람들이 ….

베트남 전의 영웅이었던 채명신 장군이 박진경 대령의 도덕적 인품에 관해서 증언한 내용도 진상보고서에서는 제대로 반영되지 않았다.

int. 박철균

채명신 장군은 그 박진경 대령 저희 할아버지께서 연대장을 하실 때 소대장이셨는데 첫 번째 그 작전 지침이 **'100명의 무장폭도나 공비를 놓치더라도 한 명의 무고한 도민을 다치게 해선 안 된다'**라는 게 작전 지침이었다고 하셨고요. 그래서 본인이 초대 파월 사령관으로 가서 할아버지의 영감을 받아서 본인도 **'100명의 베트공을 놓쳐도 월남 주민을 다치게 하지 마라'**라고 하는 작전 지침을 내렸다고. 사실은 4·3 조사위원회가 4·3 사건 정부 보고서 작성을 위한 조사를 할 때 채명신 장군 자택에서 한 면담 내용에도 보면 '박진경 대령의 작전은 제주도민을 구출하기 위한 것이었다'라고 말씀을 하셨거든요.

narr.

박진경 대령을 제주4·3사건, 강경 진압 작전의 책임자로 몰아가는 데 결정적인 역할을 한 것은 한 공중파 방송의 보도였다. 방송에서는 박진경 대령이 폭동을 진압하기 위해 제주도민 30만 명을 희생시킬 것을 명령했다고 보도했다. 하지만 사실관계를 정확히 확인하지 않은 명백한 오보였다.

1948년 8월 14일 조선중앙일보 보도에 따르면 애초에 이 말은 인민유격대 사령관 김달삼이 한 말이었다. 박진경 대령 살해를 명령하는 과정에서 나온 말을 암살범 손선호 하사가 마치 박진경 대령이 말 한 것처럼 거짓 증언을 한 것이었다.

int. 박홍균

평화재단에 제주 4·3 연구소가 있습니다. 거기하고 그 다음에 제주의 소리라는 언론사가 또 있어요. 거기를 제가 찾아갔어요. 그쪽에서 왜곡이 심하게 일어나서 저는 사실 찾아간 이유가 사실을 알려고 할아버지가 진짜 많은 사람을 죽였다면 증거 자료가 있지 않겠느냐 그리고 찾아갔는데 어느 곳에서도 할아버지 말로만 그렇게 했지 실질적인 얼마를 어떻게 살해했다는 자료가 하나도 없습니다. 그리고 아무 말도 못했어요.

암살범 문상길, 손순호를 추모하는 사람들

호국영령이시여!
그대들의 희생으로 대한민국의
번영을 이루었도다.

narr.

박진경 대령이 제주11연대 사령관으로 부임했던 기간은 고작 43
일에 불과했다. 한 달 남짓한 시간 동안 그가 한 일은 많지 않았
다. 그럼에도 불구하고 우리 사회는 여전히 그를 제주4·3 사건의
학살자로 몰아가고 있다. 하지만 더욱 놀라운 사실이 한 가지 있
다. 그것은 박진경 대령을 살해한 남로당 암살범 문상길 중위와
손선호 하사를 추모하고 영웅시하는 움직임들까지 있다는 사실
이다. 과연 이것이 대한민국의 역사가 올바르게 기록되고 있는 모
습이라 말할 수 있을까?

'박진경 대령 암살 4·3 의인 손하사 본명은 손순호'

KBS제주 뉴스, 2025년 04월 24일 보도

int. 브라이언 마이어스

한국인들의 사고방식에는 획일적인 민심이 존재합니다. 만약 민심에 동의하지 않는다면 당신은 반 민주주의자가 됩니다. 문제가 있는 관점이라고 생각합니다.

인민유격대 투쟁 보고서

인민유격대 투쟁 보고서

1948년 04월 03일부터 1948년 07월 24일까지의
제주도 인민유격대 사령관, 김달삼의 기록

'반동의 거두 박진경 연대장 이하 반동 장교들을 숙청하지 않으면 안 된다'

문창송, 「한라산은 알고 있다」 1995년

narr.

1948년 8월 경 제주4·3 인민유격대 사령관 김달삼은 북한 해주 인민대회에 참석하기 위해 월북했다. 그리고 그곳에서 남로당의 투쟁 결과를 보고했다. 놀랍게도 김달삼의 투쟁 보고서 안에는 박진경 대령을 암살하라는 지시가 담겨져 있었다. 이것은 박진경 대령 암살이 우발적인 것이 아니라 철저하게 계획된 살인이었음을 증명하고 있다.

이 내용은 남로당에서 직접 작성한 내부 문건이기 때문에 당시 상황을 아주 정확히 잘 알 수 있는 내용들이라고 할 수 있습니다. 특히 이 책에는 박진경 대령이 제주도에 내려간 것이 5월 6일이고 5월 10일 대책회의에서 '박진경 대령을 암살해라'라는 모의가 있었던 기록이 생생하게 그대로 잘 기록되어 있습니다.

박진경 대령 장례식

박진경 대령 운구 도착

서울 김포공항 1948년 06월 22일

1948년 6월 22일, 박진경 대령의 유해를 실은 미군 수송기가 서울 김포 공항에 착륙했다. 평소 그를 아끼던 동료 장교들이 그의 마지막을 함께했다. 영어를 잘했고 성품이 착실했던 박진경 대령을 누구보다 아끼고 신뢰했던 미군정 윌리엄 딘 군정 장관은 직접 제주도까지 내려가서 그의 시신을 수습했다. 딘 장군은 그의 군인 정신을 높이 평가했다.

영웅의 마지막을 지키는 것이 자신의 책임이라 여겼다. 그는 한국전쟁이 한창이던 1950년 7월, 북한군 T-34 탱크에 맞서 직접 바주카포를 어깨에 메고 전투를 했다. 그리고 그렇게 최전선에서 전투를 지휘하다 인민군의 포로가 되기도 했다. 용기 있는 군인만이 할 수 있는 일이었다. 공산주의에 맞서 자유를 지키는 일에 박진경 대령과 딘 소장은 그렇게 함께했다. 그들은 진정한 대한민국의 프리덤 파이터들이었다.

int. 김영중

대한민국을 건국한 건국유공자, 호국세력들은 반통일세력이다. 이렇게 해가지고 완전히 멸시당하고 반(反) 대한민국적 행위를 한 사람들은 9천만 원씩 받고 마치 독립투사처럼 으스대고 혜택받고 이것은 대단히 잘못된 것이다.

int. 황성준

단순히 땀이 아니라 피로 만들어진 게 대부분의 역사거든요. 이걸 기억하고 기념해야 되는데 피를 묻히다 보니까 여기서 먼지도 묻어요. 그런데 이것을 갖다가 확대해 갖고 공격들을 하는 거거든요. 사실은 이러한 역사를 잃어버리니까 지금 정신을 잃어버리고 좀 먹고 살 만하지만 다 뺏겨버리고 있는 거거든요.

정봉운 여사의 비극적인 삶

narr.

제주4·3사건은 이념과 이데올로기의 대립 속에서 시작된 대한민국의 가장 큰 비극 중 하나였다. 한국전쟁 이전에 일어난 또 다른 한국전쟁이었다. 그리고 우리는 또 한 명의 가슴 아픈 사연과 마주해야만 했다. 바로 박진경 대령의 미망인, 정봉운 여사였다. 그녀의 삶은 우리 시대의 비극을 그대로 간직하고 있었다.

int. 박홍균

집안에 할아버지와 할머니 관련된 비극이 저희들한테도 그냥 참 억울하게 다들 세상을 사셨고. 그래서 잘 그냥 구전되지 않았어요.

int. 박철균

굉장한 충격으로 임신 중에 있던 태아도 사산을 했고 정신병원을 전전하시다가 ….

int. 박홍균

Q. 그럼 (할머님) 누가 모신 거예요?

정신병원에 계속 계셨죠.

Q. 그럼 가족이 돌 본 게 아니예요?

못 돌봤어요.

Q. 행방불명이 되셨어요?

네. 행방불명이 됐다가 나중에 청량리 정신병원에 계신 것을 확인
을 해서 부산 의수군인가로 모셔서 거기 계시다가 돌아가신 것으
로 저희들은 알고 있습니다.

int. 박철균

결국은 이제 태아를 포함한 할머니 할아버지는 6월 18일 날 새벽
에 돌아가시고 했기 때문에 한 가정을 완전히 세상을 등지게 만
든 충격적인 사건이었죠.

narr.

박진경 대령과 그의 가족들의 이야기는 비극적인 우리 현대사의
축소판이다. 그는 진정 자신의 책임을 다한 성실한 군인이었고 아
내를 사랑했던 평범한 남자였다. 이제 그의 이야기가 온전하게 우
리 역사 속에서 기록되기를 희망해 본다. 그것이 양심 있는 사람
들의 몫일 것이다.

대한민국 건국의 토대

5·10 제헌의회 선거 투표율 95%

narr.

좌익과 공산주의자들의 방해에도 불구하고 1948년 5월 10일 선
거는 예정대로 치러졌다. 투표율은 무려 95퍼센트였다. 폭동이 일
어났던 제주의 두 곳을 제외한 전국 200개 선거구에서 198명의
대한민국 초대 국회의원들이 선출됐다. 그것이 신생 대한민국의
시작이었다. 그러나 남과 북이 서로 다른 길로 접어드는 분단의
시작이기도 했다.

38선 이북, 북한의 선거

int. 신광순 전 서울대 수의학과 교수

38선 바로 이남에 연백군이라고 있습니다. 연백군에 갑구가 있고
우리 아버지는 을구인데 유세 다닐 때 경찰 순경이 같이 보호하고
다녔어요. 그리고 밤에 잘 때는 와서 경찰이 같이 자고 그럴 때입
니다. 요새처럼 무슨 DMZ가 있는 것도 아무것도 없어 그냥 줄만
그은 것뿐이지. 저쪽 동네는 북한이고 이쪽 동네는 남한이에요.

그럼 (공산주의자) 걔들이 밤에 이렇게 습격 오면 그냥 당하는 겁니다.

더군다나 우리 아버님은 한국민주당(우익)으로 출마했거든요. 그러니까 한민당 김성수 당 아닙니까? 그러니까 (공산주의자) 개들이 와서 해칠지 몰라요. 경찰서도 파출소도 습격하는데 면장 습격하는데 국회의원 나왔다고 안 하겠습니까?

김구 방북 남북연석회의

김구 평양행 1948년 04월 19일

narr.

1948년 4월 19일 5·10선거를 앞에 두고 김구가 북한을 방문한다는 소식이 들려왔다. 김구의 방북을 막기 위해 5백여 명의 청년들이 몰려들었다. 김구는 방북의 목적을 남북 분단을 극복하는데 있다고 했다. 북한 김일성에 이용만 당할 것이라는 수많은 사람들의 만류에도 불구하고 김구는 결국 북으로 향했다. 미군정과 이승만은 김구의 방북이 남한 사회를 더욱 혼란에 빠뜨릴 것이라고 경고했다.

평양 남북연석회의 개막 | 1948년 04월 19일

김구 남북연석회의 참석 | 1948년 04월 21일

narr.

남한의 단독 선거 저지를 목표로 열린 평양 남북 연석 회의에는 북한 측 주요 인사들과 남한의 좌파 사회 단체들을 대표하는 정치인들이 대거 참석했다. 1948년 4월 21일, 드디어 회의장에 김구가 모습을 드러냈다. 김구는 남한 단독 선거를 저지하고 남북 협상을 통해 통일 정부를 수립해야 한다고 목소리를 높였다. 하지만 소련과 북한의 목표는 이미 정해져 있었다.

int. 양준석

동유럽과 북한에서 공산주의자들이 추진한 연립 정부의 의도는 공산주의자들이 공산화를 진행하겠다 라고 하는 의지를 감추려는 의도였었습니다.

그들이 주장하는 민족과 민주주의는 우리가 생각하는 보편적인 민족과 민주주의 용어를 사용하고 있지만 이미 공산 진영에서 자신들이 개념화를 끝낸 그러한 민족과 민주주의 개념을 사용하였습니다. 그 속에는 공산주의의 현실화라는 의미를 감춘 기만적 민족의 개념을 활용하고 있었다. 이는 해당 국가의 대중을 대하는 굉장히 기만적인 방식이었다고 생각합니다.

narr.

1948년 5월 5일 5·10 선거를 5일 남겨놓고 김구는 서울로 귀환했다. 그는 성명을 통해 단독선거 반대는 물론이고 이승만과의 합작도 거부하겠다고 발표했다. 결국 김구의 방북은 북한과 남한의 좌익들이 벌이는 단독선거 반대 투쟁에 정당성만을 제공한 꼴이 됐다.

남로당 인민대표자 대회, 해주 대회

남조선 인민대표자대회 1948년 08월 21일

narr.

남한에서 5·10선거를 통해 제헌 의회가 구성된 것처럼 북한에서도 해주 대회를 통해 인민들의 대표자들을 선발하려고 했다. 이때 남한의 좌익 공산주의자들이 참여하는 남조선 인민 대표자 대회가 동시에 개최됐다. 제주 인민유격대 사령관 김달삼은 비밀리에 월북, 해주에 모습을 드러냈다. 김달삼은 제주도민 52,350명의 도장과 서명, 인장이 찍힌 비밀 투표용지를 갖고 참석했다. 남한의 5·10선거를 부정하고 신생 대한민국 건국을 정면에서 부정하는 행위였다.

narr.

1948년 8월 25일 김달삼은 해주 대회 연설을 통해서 제주 인민유격대 투쟁 보고서를 발표했다. 제주4·3 무장 투쟁의 정당성과 5·10선거를 방해하기 위해 인민유격대들이 벌인 구체적인 투쟁 내용들을 자세히 보고했다. 김달삼은 한국전쟁 때도 인민군 부대를 이끌고 남하해서 교전을 벌이다 사망한 것으로 알려지고 있다. 북한에서는 그의 행적을 높이 평가하여 애국열사능에 묘비를 세웠고 북한 건국에 기여한 공로로 2급 국기훈장을 수여했다. 김달삼은 남한에서 태어났지만 죽을 때까지 공산주의 이념을 위해 살았던 대표적인 인물이었다.

제주4·3 인민유격대 사령관 김달삼

1948년 08월 21일 해주 인민대회 참석

김달삼의 인민유격대 투쟁 보고서

'5·10선거 저지'

'제주4·3 무장 투쟁 결과'

'북한 정권 지지'

1948년 08월 25일 해주

김달삼의 묘 | 북한 애국열사릉(평양시 신미동)

제주4·3평화공원

제주4·3희생자 위패봉안실

narr.

과연 역사를 올바르게 기록한다는 것은 무엇일까? 제주4·3의 비극과 아픔을 통해서 오늘을 살아가는 우리는 과연 무엇을 배우고 무엇을 깨달아야 하는 것일까?

제주도에는 오래전부터 제주4·3의 역사가 올바르게 기록되어야 한다며 진실을 찾는 작업을 해오고 있는 사람들이 있다.

int. 이승학 제주4·3사건 재정립시민연대

제주4·3 남로당 반란군 인민유격대 체포 명단. 이게 말 그대로 그 당시에 군인들이 잡은 사람들을 쓴 것이네요. 여기에 탈영병도 있어요.

narr.

그들은 제주4·3희생자 위패에 포함될 수 없는 자들이 있다며 정면으로 문제를 제기했다.

제주4·3희생자 위패봉안실

김영중 전 제주경찰서장

int. 이승학

5·10 총선거 때 투표했다고 선거 바로 그날 (할아버지) 집에 불을 지른 사람도 있어요.

Q. 어디에 있죠?

저기에 있어요. 이 사람도 잡혀서 공항에서 총살당했어요.

희생자로 분류할 수 없는 불량위패

증언에 의하면 1,030기 증거와 자료에 의하면 173기

제주4·3사건재정립시민연대

narr.

이 시민단체에서는 그동안의 연구와 자료 조사를 통해서 희생자로 분류할 수 없는 불량위패들이 상당수 존재하는 것을 밝혀냈다. 위패들 중 제주4·3사건 당시 제주도민에게 피해를 입혔던 남로당 인민유격대원 같은 가해자들이 포함되어 있다는 것이다.

int. 장승홍

Q. 그 사람들이 누구예요?

그러니까 … 폭도죠. 남로당원.

Q. 아니 어떻게 그런 일이 있을 수 있죠?

그래서 저희가 행정안전부 자치부에 여러 번 찾아가 차관까지 면담을 해서, 결정적인 주동자 한 10여 명을 위패에서 내리자고 저쪽의 동의까지 얻었는데, 제주도지사가 그것을 거부하는 바람에 이 위패를 내리는 작업이 중단됐죠.

Q. 그때 제주도지사가 누구예요?
원희룡이었죠.

int. 황성준

역사가 뭔지 그냥 관심이 없었던 거예요. 그냥 관심이 없는데 저쪽에도 몇 가지 자료를 들고 이거 맞지? 그러니까 잘 모르겠지만 여기서 저항을 하면 안 될 것 같고 뭐가 이러면 표가 떨어질 것 같으니까.

그냥 하나씩 양보해 주는 거야. 하나 양보해 준 거. 그러니까 "바위 수프 작전"이라는 거 아시는지 몰라도 어떤 거지가 와서 배고프니까 바위라도 끓여 먹겠다. 그래서 물 좀 달라. 물 줬다는 거야. 물 줬더니 그 다음에는 뭐 후추를 달라뭐 했더니 나중에 다 고깃덩어리까지 먹었다는 식으로 하나씩 내주는 거야. 왜냐하면 신념도 없고 공부도 안 됐고 아무것도 안 된 거야. 아무것도 아닌 걸 하나 달라고 한 다음에 그것을 얻어내면서 점점 해갖고 본질을 다 얻어내는 것을.

제주4·3으로 이승만을 비난하는 공중파 방송

sb* 2023년 04월 06일 방송 | 꼬리에 꼬리를 무는 00 000

narr.

여전히 우리 사회에서는 근거 없이 이승만을 부정적으로 평가하려는 흐름들이 존재하고 있다. 5·10선거 당시 대통령 취임도 하지 않은 이승만에게 도대체 무슨 책임을 묻겠다는 것인가?

이승만 대통령 취임 | 1948년 07월 24일

int. 방송 중 진행자

원하지 않는 후보한테 표를 주느니 (투표) 안 하련다!

**5·10선거 거부로 무효처리된 제주도 2석을 제외하고
총 198명의 제헌국회 의원을 선출**

**5·10선거를 통해
대한민국 탄생의 토대 마련**

narr.

5·10선거를 통해 제주도를 제외한 총 198명의 국회의원들이 선출됐다. 그리고 그들을 통해서 대한민국 탄생의 토대가 마련되었다. 명백한 사실 중의 하나는 1948년 5·10선거 당시 대한민국은 미군정 치하에 있었다. 행정과 치안 등 모든 권한이 미군정에 있었다. 이승만 정권 탄생 이전에 일어났던 일에 대해서 책임을 묻는 것은 논리적으로 앞뒤가 맞지 않는 어리석인 일이다.

제주도 모슬포 미군기지 | 1948년 4월

int. 김동식

4·3을 일으켜 가지고 5·10 선거 반대 운동만 한 게 아니고 비밀 투표를 했습니다. 어떤 비밀 투표냐 하면, 북한 정권을 수립하는 데 찬성하느냐 반대하느냐 이 비밀 투표를 동시에 하게 하는 겁니다. 그래서 이때 당시에 제주도에서 5만여 명이 비밀 투표에 참가해서 찬성한다는 투표를 했습니다. 그리고 그 비밀 투표한 5만 여 명의 찬성 투표한 명부를 가지고 북한 최고인민회의에 헌납을 한 겁니다.

북한 제1기 최고인민회의 대의원 선거 | 1948년 08월 25일

찬성과 반대로 구분된 북한의 투표함

narr.

1948년 8월 25일 남한의 제헌의회 선거와 같은 북한 최고인민회의 대의원 선거가 치러졌다. 그런데 놀랍게도 이 선거는 투표함이 찬성과 반대로 나눠져 있었다. 누가 찬성과 반대를 하는지 쉽게 알 수 있어 비밀 선거의 원칙이 지켜지지 않는 선거였다. 북한이 주장하는 민주 선거의 허구적인 단면을 잘 보여주고 있었다.

int. 김동식

강규찬, 고진희, 그 다음에 김달삼이 세 사람이 북한 최고인민회의 제1기 대의원이 돼서 '북한 정권 창립에 상당한 기여를 했다'라고 말씀을 드릴 수 있습니다. 실제 (제주) 4·3이 왜 일어났는지 또 누구에 의해서 일어났는지를 이야기하게 된다면, 남로당하고는 떼어놓고 이야기할 수 없다.

여순 반란 사건

여수 주둔 14연대 반란 사건 '여순사건' 1948년 10월 19일

narr.

신생 대한민국 정부가 탄생한 지 불과 2개월 밖에 안 된 1948년 10월 19일 여수에서 군부대의 반란 사건이 일어났다. 제주4·3사건의 무장 폭동을 진압하기 위해 출동을 기다리고 있던 여수 14

연대에서 반란 세력들이 부대 지휘관들을 총으로 사살한 뒤 병력을 이끌고 여수 시내로 진입했다. 대한민국을 향한 명백한 선전포고였다. 반란군은 순식간에 전라도 일대를 장악하고 무고한 양민들을 학살했다.

int. 김영중

만약 그 사건이 없었으면 군대 내에 남로당 프락치가 있는지 없는지 몰랐거든요. 그래서 그 당시에 숙군이라고 해서 프락치들을 골라내는 숙군 작업이 그때 있었습니다. 그래서 몇 천 명을 검거해서 형량에 따라서 처형된 자도 있고 영창(감옥) 간 사람도 있고 그런데.

int. 브라이언 마이어스

우리는 역사적 맥락을 잘 살펴봐야 한다고 생각합니다. 그리고 사실상 민주주의 국가에서 거의 모든 헌법은 국가 비상사태가 발생했을 때 대통령이 시민권을 정지하고 기본적 자유를 정지할 수 있도록 허용합니다. 적대 세력의 침략을 받았을 때보다 더 큰 비상사태는 없기 때문입니다.

narr.

과연 이 비극의 역사는 왜, 또 누구를 위해서 일어난 것일까? 대한민국 땅에서 일어났던 이 비극의 역사를 오늘날 우리는 어떻게 이해하고 어떤 마음으로 받아들여야 하는 것일까? 이것은 그 시대를 살지 않았던 우리들에게 주어진 커다란 숙제임에 분명하다.

int. 브라이언 마이어스

(지금까지) 이 봉기를 마치 주동자 없이 자연스럽게 아무런 정치적 목적도 없이 일어난 것처럼 묘사했습니다. 마치 민주주의에 대한 순수한 사랑으로 일어난 것처럼 말입니다. 저는 그런 생각은 현실적이지 않다고 생각합니다. 제주와 여수에서 봉기한 자들이 북한과 아무런 관계도 맺고 싶어 하지 않았고 김일성에게 아무런 관심도 없었다고 믿는 것은 비현실적인 것입니다. 이 나라의 좌파와 우파 모두 알아야 할 것은 김일성이 1940년대 후반 한반도 전역에서 상당히 인기 있는 인물이었다는 사실입니다. 그들의 반란은 분명 지금 우리가 누리고 있는 자유민주주의를 지지하는 봉기는 아니었습니다.

narr.

역사는 과거에 대한 기록이지만 아무리 그 시대의 이야기를 잘 알고 있는 사람도 실제로 어떤 일이 벌어졌는지 정확히 이해하기는 어려운 일이다. 그렇기 때문에 역사에 대한 우리의 시각은 늘 열린 마음이어야 한다. 새로운 자료가 나올 때마다 해석 또한 바뀔 수 있기 때문이다. 그것이 역사를 대하는 진실된 자세일 것이다.

평양역 1949년 05월 05일

강원도 주둔 국군 8연대 표무원 강태무 대대 집단 월북 사건

표무원 강태무 부대 탈영 사건

narr.

1949년 5월 5일 평양역에는 낯선 복장을 한 군인들을 태운 열차가 도착했다. 열차에서 뛰어내리는 젊은 병사들은 남한 군인의 군복을 입고 있었다. 강원도 춘천 일대를 방어하고 있던 국군 8연대 1대대의 표무원 소령과 같은 부대 2대대의 강태무 소령이 무려 7백여 명의 부하들과 함께 집단 월북을 한 사건이 발생한 것이다. 놀랍게도 이 사건 배후에는 김일성의 명령에 따라 움직였던 공작원 성시백이란 인물이 존재하고 있었다.

int. 김동식

강태무·표무원은 이미 성시백 라인에 연결이 돼 있었기 때문에 상당히 불안한 상태였습니다. 이런 상태에서 숙군 작업이 진행되고 포위망이 좁혀 오니까 신변에 굉장한 불안을 느끼고 있었어요. 그리고 성시백이 북한에 보고를 합니다. 강태무·표무원이 월북을 할 것이다. 그러니까 북한에서는 보고를 받고 휴전선을 열어 놓습니다. 이렇게 넘어 갈 때 혼자 넘어간 게 아니고 대대 병력을 끌고 넘어감으로써 대한민국 국군을 망가뜨리자는 생각을 가지고 넘어간 겁니다.

강태무·표무원 평양 환영 퍼레이드 | 1948년 05월 05일 월북, 퍼레이드는 6일 혹은 7일로 추정

narr.

표무원·강태무 부대의 집단 월북은 여순 사건으로 촉발되었던 군 내부의 숙군작업과 밀접한 연관성이 있었다. 해방 직후 미군정은 부족한 군 인력을 보충하기 위해서 신원이나 사상에 대한 검증 없이 입대를 원하는 자들에게 군인이 될 기회를 제공했다. 그 결과 좌익 공산주의 활동을 하다 검거될 위험에 처한 남로당원들이 군대 내로 잠입할 수 있었다. 우발적으로 일어난 사건이 결코 아니었다.

좌익 공산주의 활동을 하다 검거될 위험에 처한 남로당원들 다수 군대 내로 잠입

해군함정 508호 월북 사건 1949년 05월 13일

narr.

1949년 5월 12일에는 해군 함정 508호 대원들의 집단 월북도 이어졌다. 북한 당국은 잇다른 남한 군인들의 월북 사건을 대대적으로 홍보하면서 자신들의 정치적인 선전 수단으로 활용했다.

공군 L-4, L-5 연락기 월북 1950년 05월

narr.

1950년 5월 6·25 한국전쟁 직전에는 미군이 철수하면서 제공한 공군 연락기 두 대가 월북하는 일도 있었다. **육군과 해군, 그리고 공군을 포함한 모든 군부대 내에서 탈영과 월북이 잇달아 계속됐다.** 이런 흐름은 1950년 한국전쟁이 일어나기 전까지 계속 이어졌다. 정상적인 나라라고 말할 수 없는 사건들이 계속해서 발생한 것이다.

int. 김영중

그때 그렇게 해서 그걸 제거했기 때문에 6·25가 터졌을 때 우리 국군이 계속 북쪽을 향해서 총을 쏠 수 있었지 만약에 그렇지 않아서 남로당 프락치들이 그냥 등 뒤에서 쏴대면 우리가 어떻게 될 뻔했습니까?

군내부 숙군

4,749명 숙군
5,568명 월북

전체 군병력
약 10% 남로당 좌익 공산주의자

narr.

제주4·3과 여순 반란 사건 같은 남로당의 무장 투쟁으로 군부대 내에 존재하는 좌익 공산주의자들의 실체가 속속들이 노출됐다. 1949년 7월까지 군수사 기관에 의해 4천7백여 명이 검거되었고 5천 명이 넘는 군인들이 수사망을 피해 월북했다. 전체 군인 중 10퍼센트가 남로당 소속이었던 셈이다. 이 모든 공작은 북에서 파견된 간첩 성시백의 작업이었다.

남한 최대 간첩 성시백

narr.

여순 군부대 반란과 제주에서의 인민유격대 무장 봉기를 진압하기 위해서 그해 10월 신생 대한민국 정부는 정부 수립 두 달 만에 계엄령을 선포했다. 그리고 같은 해 12월 1일 국가보안법을 제정해서 국가 반란 세력에 맞섰다.

국회 프락치 사건과 성시백

국회프락치 사건 1949년 05월 17일

narr.

1949년 5월 17일 국회에서 남로당의 프락치 활동을 했다는 혐의로 국회의원 10여 명이 검거되는 사건이 발생했다. 일명 '국회프락치 사건'이 바로 그것이었다. 이 사건의 배후 역시 북한 공작원 성시백이 있었다. 김약수 국회 부의장을 비롯한 국회의원들은 주한미군 철수에 관한 법안을 상정하고 유엔 한국위원에 의견서를 제출했다.

int. 김동식

대표적인 공작이 국회 프락치 공작이라고 할 수 있습니다. 성시백은 자기 조직원들을 국회에 박아 놓고 이 조직원들을 통해서 국회의원들을 포섭하고 이 국회의원들을 통해서 주한미군 철수안이 국회에 상정되도록 하는 데 굉장히 큰 역할을 했습니다. 1949년 6월 주한미군 전투 병력이 남한에서 모두 철수하는데 이것도 따지고 보면 성시백 조직의 공작이었다.

주한미군 철수?

주한미군 철수 완료 1949년 06월 29일

narr.

1949년 6월 29일 주한 미군 전투 병력이 전원 철수를 완료했다. 많은 사람들이 주한 미군 철수로 인해서 남과 북에서 군사적 균형이 무너질 것을 경고했지만, 전쟁이 일어날 것이라고 믿는 사람들은 별로 많지 않았다.

narr.

그해 10월 이승만 정부는 남로당원 자수 기간을 선포한다. 무력만으로는 사회적 갈등을 해결할 수 없다고 본 것이다. 자수기간 동안 무려 33만 명의 남로당원이 자수를 했다.

남로당 자수 기간 선포(1949년 10월)

33만 명의 남로당원 자수

출처_대한민국 근현대사 시리즈

narr.

1950년 3월 30일 김일성과 박헌영이 모스크바를 방문했다. 스탈린을 찾아가 무기와 군사 지원을 요청하고 남침을 허락 받기 위해서였다. 몇 번의 고심 끝에 스탈린은 전쟁을 승인했다. 한반도에서 미국의 철수, 소련의 핵무장 등으로 전쟁에서 승리할 수 있는 가능성이 높아졌다는 판단이었다.

스탈린은 마오쩌둥에게도 비밀 전문을 보내 전쟁에 함께 참전할 것을 약속 받았다. 소련제 T-34탱크를 비롯해서 미그 15기, 막대한 탄약과 전투 장비들이 북한으로 향하기 시작했다. 해방 이후 5년 만에 한반도 전체를 공산화시키겠다는 소련과 좌익 공산주의자들의 꿈은 그렇게 무르익어 가고 있었다.

김일성 박헌영 모스크바 방문 1950년 03월 30일

6·25한국전쟁 발발 1950년 06월 25일

narr.

전쟁을 통해서 비로소 한국인들은 공산주의의 실체를 인식했다. 전쟁의 참혹함을 통해 평화와 국가 안보의 중요성을 절실하게 인식하기 시작한 것이다. 해방 직후 사회주의와 공산주의를 선호했던 국민들의 인식에도 큰 변화가 찾아왔다. 몸으로 직접 경험한 공산주의를 통해 자유의 소중함을 깨닫기 시작한 것이다.

6·25 한국전쟁 발발

int. 양문국 LA거주 한국전 참전용사

공산주의가 얼마나 허망하고 아주 그때 당시에 자기들은 이상촌을 건설한다고 하지만 인권을 무시하고 자기의 그 사상을 위해서 공산 사상을 위해서는 별것을 다 자기들이 동원해 가지고서 사람들을 희생시켰다.

공산주의자들의 만행

인민군에 의한 민간인 학살 1950년 09월 25일 전주

narr.

1950년 9월 25일 전라북도 전주에서 북으로 퇴각하던 인민군대는 단지 하나님을 믿는다는 이유만으로 기독교인 수백 명을 살해했다. 전북 군산과 김제, 정읍 등 8개 지역에서 24개의 교회가 인민군에 의해서 파괴되었고 이 지역에서만 104명이 살해되었다.

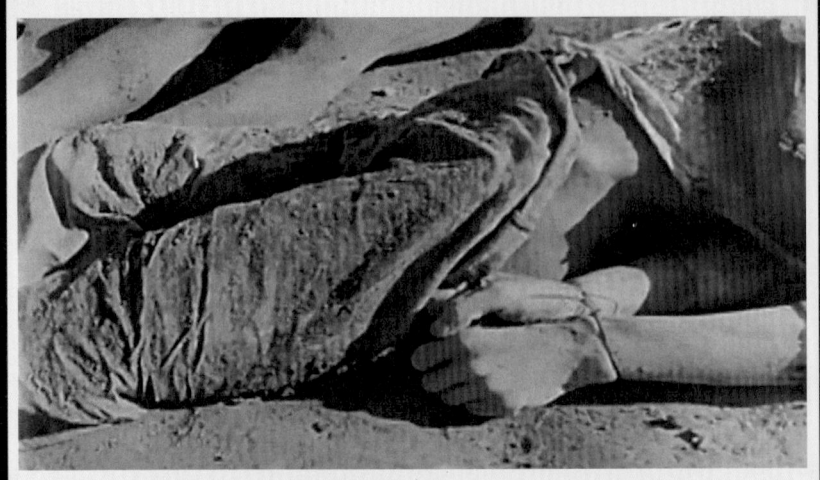

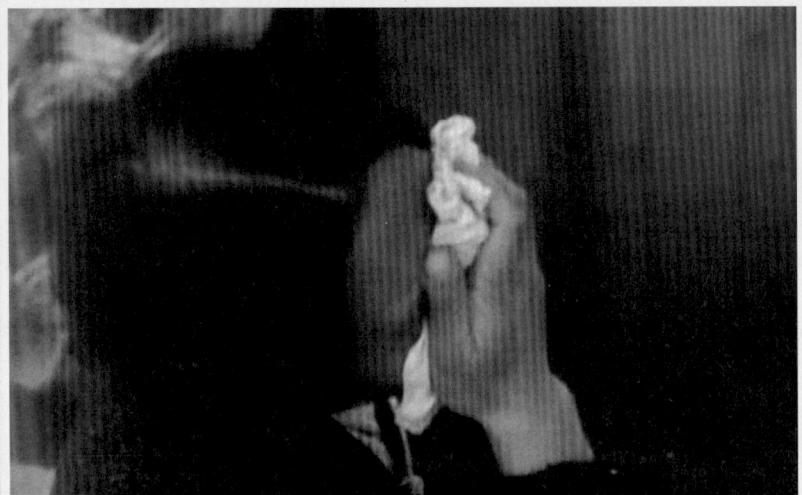

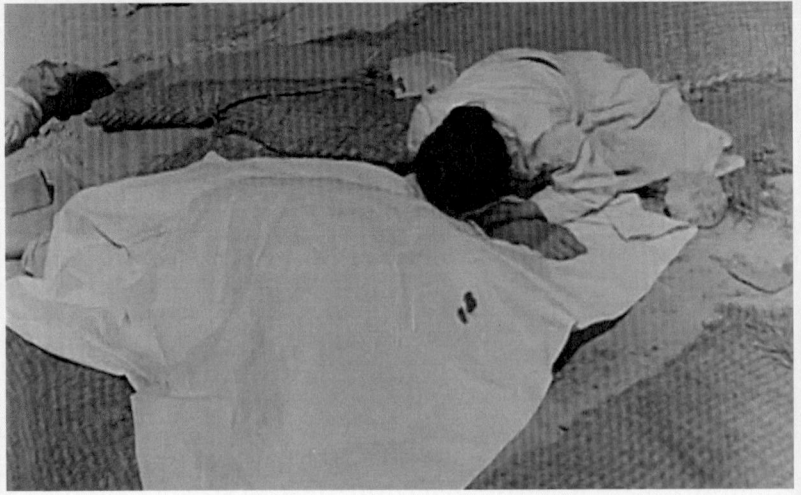

한국전쟁 전후 인민군은 기독교인 1,800명을 학살

narr.

인민군대의 이런 종교인 학살은 1950년 11월 함흥에서도 있었다. 가톨릭 수녀와 신부들을 살해한 학살의 장본인 역시 좌익 공산주의자들이었다. 제주4·3이나 여순 반란 사건과 달리 이런 기독교인 학살 사건은 조사조차 제대로 되어 있지 않은 것이 우리의 현실이다.

int. 김계춘

6·25 바로 직전에 이북에서는 성당에 있는 독일 신부님들하고 수녀님들하고 다 잡아갔어요. 그래서 수녀님이 돌아갔다는 소리를 이제 듣고. 함흥 감옥소에서 우물이 있었어요. 우물에서 그 당시 총알이 모자라니까 도끼로 그냥 찍어 죽였다고 수녀가 제일 마지막 주일에 돌아가서 굉장히 몸이 불어나 가지고 장례를 치르는데 너무 불어나 가지고 관에 들어가지 않아요. 그래서 그냥 너무 미안해 가지고 "수녀님 미안합니다" 하고 그냥 빡빡 밟아가지고 그냥 억지로 밀어 넣어 가지고 장례 치렀죠.

이마에 도끼 찍힌 자국은 봤고 수녀님이 피난가다가 붙잡혔다고 하더라고요. 그래서 이 공산당들은 사람 죽이는 것이 그렇게 모질게 죽여요.

그날은 연대장 박진경 대령이 암살 당한 날이기도 합니다. 그분은 새벽에 당했고 저희 할아버지는 주일날 예배를 인도하기 위해서 오후에 자전거를 타고 가시다가 잠복 중이던 폭도들한테 잡혀서 생매장으로 순교 당하시게 되었죠.

어떻게 항쟁이고 봉기라고 하면 어떻게 목사를 생매장해서 죽일 수가 있습니까? 어떻게 죽창으로 장로를 찔러 죽일 수가 있습니까? 저들이 원하는 세상을 만들기 위해서 이러한 무자비한 공산주의 이론에 의해 가지고 바로 이러한 만행을 저질렀다 라고 하는 것입니다.

제주4·3 77주년 전야제

제주4·3 제77주년 전야제 2025년 04월 02일

narr.

2025년 4월 2일 올해로 77주년을 맞이하는 제주4·3 전야제 행사가 열렸다. 이번 행사는 제주4·3사건에 관한 소설을 쓴 소설가 김석범 헌정 공연도 함께 진행이 됐다.

int. 전야제 행사 관계자

4·3사건 때 이승만 대통령은 불법적이고 위헌적인 계엄령을 선포함으로써 제주도민들을 무차별 희생시켰습니다.

narr.

2025년 올해도 어김없이 행사의 시작은 이승만 대통령을 제주 4·3사건의 학살자로 비판하면서 시작됐다. 그런데 1948년 11월 17일 선포된 이승만 정부의 계엄령에는 대통령을 비롯해서 국무총리 이범석, 내무장관 윤치영 등을 비롯한 국무위원 전원의 서명이 함께 있는 것을 확인할 수 있다. 나라를 좌익 공산주의 반란 세력으로부터 구하는 이승만 정부의 계엄령이 어떻게 불법이라는 것인지 묻지 않을 수 없다.

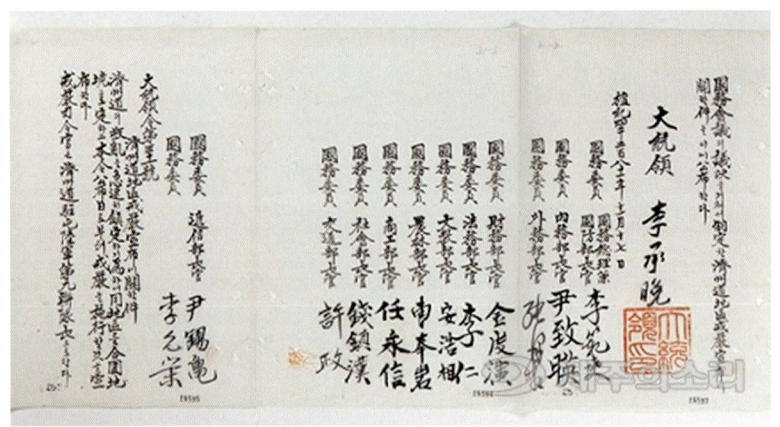

이승만 정부 계엄령 선포 문서 | 1948년 11월 17일

narr.

더욱 놀라운 것은 이번 행사가 조총련 산하 기관지 『조선신보』 기자였던 김석범의 업적을 기리는 성격까지 포함되어 있었다는 사실이다. 김석범은 이번 행사에서도 '한국이 미국의 식민지'라는 자신의 신념을 굽히지 않고 발표했다.

**"평생 나를 움직이는 원동력은
제주4·3 학살에 대한 복수심이다"**

**"해방이 안 되고 미국의 식민지가 되지 않았나
그런데 그걸 지금까지 이어져 왔어"**

재일 소설가 김석범

narr.

과연 무엇이 정의이고 무엇이 올바른 것일까? 그리고 지금 대한민국은 어디로 가고 있는 것일까? 제주4·3 평화기념관 안에는 이름이 새겨지지 않은 백비 하나가 놓여져 있다. 과연 그 하얀 백비에는 앞으로 어떤 글자가 새겨질 것인가?

제주4·3기념관 내 백비

(한국 사회에는) 역사에서 교훈을 찾고, 역사를 통제해야 한다는 강렬한 열망이 있습니다. 어떤 측면에서는 그런 점이 진실을 추구하는 사람들을 매우 힘들게 만듭니다. 진실이 과연 무엇이냐는 것이죠.

int. 브라이언 마이어스

저는 보수층이 비판 받아야 한다고 생각합니다. 왜냐하면 그들은 자신들의 가치관과 역사관을 포기했기 때문입니다. 좌파는 마치 진군하는 군대처럼 전진했고 보수파는 계속해서 역사에서 뒤로 물러서고 도망치기만 했습니다. 지금 이 현상은 매우 원칙적이고 고집스러운 남한의 좌파와 명확하고 확고한 원칙이 전혀 없는 남한 우파가 합쳐진 결과입니다.?

가슴에 대한민국을 새기다

narr.

한반도 남쪽에서 인민군이 지배하던 시절 비로소 국민들은 공산주의의 본질을 깨닫기 시작했다. 광주의 어느 산골길에서는 피난을 가던 시민들이 함께 모여 조용히 애국가를 불렀다고 한다. 인민 공화국 백성이 되어 보고 나서야 모두들 대한민국을 뼈져리게 그리워했다. 자유의 공기를 숨쉴 수 없을 때가 되어서야 그 공기의 소중함을 깨닫기 시작한 것이다.

int. 황성준

(대한민국은) 위대한 건국을 했습니다. 이런 것은 그냥 낭만적으로 무슨 꽃마차를 타고 한 것이 아니라 피와 땀, 죽음과 삶 속에서 만든 국가입니다. 6·25 때 재미있는 게 인민 군대 입장으로부터 황당한 게 뭐냐면요. 이건 소련군 장교한테 들은 건데 항복하는 부대가 있을 줄 알았다는 거예요.

깨지면 깨졌지. 한국전쟁, 한국 그러니까 6·25전쟁 때 한국군 국군이. 왜냐? 그 초급 장교들 그 당시에 대대장이라도 20대고 막 이런 사람들이 끝까지 버틴 거거든요.

int. 양준석

우리가 전쟁은 이제 50년부터 53년까지의 6·25전쟁이 있었지만 그 이전에 1940년대의 상황에서도 굉장히 전쟁 같은 상황이라고 보신 것이 아니겠습니까?

그래서 한 국가가 수립하기 위해서는 여러 가지 이념 갈등, 대립 이런 것들을 조절만 한다고 되는 것은 아니라는 생각이 들거든요. 한 국가의 이념을 바로 세우기 위해서는 전쟁 같은 상황이 펼쳐질 수밖에 없을 것이고, 그 안에서 그 올바른 이념을 명확하게 구축하는 것이 가장 큰 숙제였고 그것을 해낸 것이 이승만 대통령 아닌가 그렇게 생각합니다.

이승만 대통령 전선 시찰

이승만 대통령 전선 시찰

narr.

이승만은 전쟁이 시작된 1950년 6월 25일부터 정전협정이 체결된 1953년 7월 27일까지 1,129일의 기간 동안 모두 279회 이상의 연설을 했다. 4일에 한 번씩 전선에 나가 군인들에게 승리를 향한 연설을 한 셈이다.

그는 한반도의 전쟁이 단순한 내란이 아니라 **민주주의와 공산주의가 격돌하는 국제전이며 세계의 문명과 정의를 수호하기 위한 전쟁**이라 강조했다.

희망의 싹을 밟지 마세요

한국전쟁 5일째, 수원 상공 1950년 06월 29일

narr.

전쟁 5일째인 1950년 6월 29일 이승만과 무초 대사는 두 대의 관측용 비행기로 대전을 출발해서 맥아더 장군을 만나기 위해 수원으로 향했다. 도중에 북한군 야크 전투기가 공격을 가해 왔으나 파일럿이 아슬아슬한 저공비행으로 계곡을 누비며 가까스로 공격을 피했다.

비행기가 수원에 도착했을 때 현장에 있던 「라이프」지 사진기자 데이빗 던컨은 이 감동적인 도착에 대해서 다음과 같은 기록을 남겼다.

이승만 대통령은 고령에 비해서 훨씬 정력적인 사람이라고 느껴졌다. 비행 도중 공격을 받았다는 이야기를 듣고 위험 속에서도 태연했던 이 대통령의 침착성에 존경심을 느꼈다. 그러나 무엇보다도 잊을 수 없었던 것은 우리가 활주로 근처의 밭에 서 있을 때 군화를 신은 우리의 발끝을 내려다 보고 있던 그의 눈길이었다. 잠시 후 그는 온화한 목소리로 다음과 같이 말했다.

'여러분, 우린 지금 겨우 싹트기 시작한 콩싹을 밟고 있소'

그때 많은 한국의 새싹은 그렇게 밟혀 뭉개지기도 했지만 대부분은 그 시련을 훌륭하게 이겨냈다. 사람들은 훗날 그것을 '한강의 기적'이라 이름 붙였다.

에필로그

전쟁으로 모든 것이 파괴된 나라를 복구하기 위해 수많은 사람들이 땀을 흘려 도로를 만들고 다리를 놓았다. 그때의 경험 덕분에 오늘날 대한민국 건설업은 세계 최고의 수준을 자랑한다. 하나밖에 없는 다리가 끊어져서 피난조차 갈 수 없었던 한강 위에는 2025년 현재 32개의 다리가 세워져 서울을 남북으로 연결시키고 있다.

자유를 찾아 목숨 걸고 열차 위에 올라 남으로 남으로 내려가야만 했던 때가 있었다. 지금 그 철길 위로 고속열차 KTX가 전국을 달리고 있다.

교육의 중요성을 누구보다 잘 알고 있었던 대통령 덕분에 한국의 인재들이 키워졌다.

남로당의 반란으로 전국 500여 전신주가 파괴되었다. 미군의 지원 받아 통신선을 복구하고 기술을 배웠다. 그렇게 도전을 거듭했고 현재 한국의 모바일 무선 통신 기술을 세계를 선도하고 있다.

과연 대한민국의 건국 1세대들은 무엇을 위해서 자신을 희생했고 그들이 꿈꿨던 미래는 어떤 세상이었을까?

대한민국의 건국전쟁은 아직 끝나지 않았다.

"기억과 진실을 향한 투쟁의 기록"

지금 우리가 살고 있는 자유롭고 풍요로운 대한민국은 그저 당연히 주어진 것이 아니다. 『건국전쟁 2_프리덤 파이터(이하 건투)』 시나리오를 읽고 난 지금, 이 사실이 얼마나 많은 희생과 투쟁과 고통의 시간을 지나서야 가능했는지 다시금 절감하게 되었다.

이 작품은 단순한 역사 다큐멘터리 시나리오가 아니다. 왜곡된 기억과 정치적 진영논리로 얼룩진 해방정국의 혼란을 정면에서 응시하며 우리가 외면하거나 쉽게 단정해 버렸던 수많은 진실을 하나하나 끄집어내고 되짚고 반추하는 작업이다.

특히 1946년 조선정판사 위조지폐 사건을 시작으로, 남로당의 무장투쟁, 김일성 정권 수립 과정과 그에 따른 남북 간의 이념 충돌 등, 이 모든 역사적 사건을 하나의 큰 흐름 안에서 체계적이고도 정밀하게 엮어낸 구성에 깊은 감동을 느꼈다.

'과거를 지배하는 자가 미래를 지배한다'는 조지 오웰의 격언처럼 누군가는 역사를 지우고 다른 누군가는 그것을 붙들고 버텨내려 한다. 『건투』는 그 지워진 기억과 공산주의자들의 선전과 폭력, 숙청과 위선, 남한의 젊은이와 군인이 목숨 걸고 지켜냈던 5·10선거, 그리고 말 한마디 없이 스러져간 민간인 희생자들을 둘러싼 역사적 실체를 기꺼이 밝히고자 했다.

무엇보다 인상 깊었던 것은 단순한 영웅서사가 아닌, 수많은 '이름 없는 사람들'의 흔적에 집중했다는 점이다. 산 속에 쌓은 돌담 하나, 불살라진 마을의 폐허, 투표함을 사수한 젊은 경찰의 피 묻은 제복, 그리고 총을 든 채 스물여덟의 나이로 순직한 박진경 대령. 이 모두는 "건국은 투쟁이었다"는 한 문장의 무게를 고스란히 증언한다.

시나리오가 다루는 주제는 무겁고 때로는 논쟁을 불러일으키게 마련이다. 그러나 필자는 믿는다. 우리가 진정한 통합과 미래를 꿈꾼다면 반드시 그 출발은 "불편한 진실을 마주하는 용기"에서부터 시작되어야 한다는 것을.

이 시나리오가 단지 한 편의 영상 콘텐츠로 그치는 것이 아니라 우리 사회의 '기억의 지도'를 새롭게 그리고 왜곡된 현대사 인식에 균형을 더하는 작은 횃불이 되기를 바란다. 제주 4·3은 끝난 역사가 아니다. 왜곡과 침묵 위에선 화해도, 미래도 있을 수 없다.

끝으로, 이 소중한 기록을 세상에 알리는 일에 함께할 수 있어 진심으로 영광이다. 김덕영 감독님, 임수영 피디님과 아울러 이 작품을 통해 오랫동안 잊혀져 왔던 프리덤 파이터들께 고개 숙여 감사드린다.

유지훈

2025년 08월
금곡동 사무실에서